Uschi Kurz / Anne Fagen

Glücksorte in und um Reutlingen

Fahr hin & werd glücklich

D

Dieses

Glücksbuch

ist für

Liebe Glücksuchende,

Glück ist relativ. Wenn die Liebe durch den Magen geht, trifft das auch auf das Glück zu. Doch dem einen beschert eine warme Suppe Glücksmomente, die andere braucht ein 5-Gänge-Menü, um ihre Endorphine in Wallung zu bringen. Glück, das kann ein stiller Moment in der Natur sein oder ein ganz lauter bei einem Konzert. Glück wird von der Werbung versprochen – es gibt Milch von angeblich glücklichen Kühen, aber auch Sinnsprüche im Glückskeks. Jeder ist seines Glückes Schmied, heißt es. Glücksuchende finden wir häufig auch im Märchen. Wohl dem, der sein Glück findet wie „Hans im Glück", ohne dabei auf materielle Werte angewiesen zu sein. „Alle Menschen versuchen, glücklich zu sein; darin gibt es keine Ausnahmen, wie verschieden die Mittel auch sind, die sie anwenden", sagte der französische Philosoph Blaise Pascal. Wir sind überzeugt, dass es Orte gibt, die dem Glück zuträglich sind. Und solche Orte haben wir für Sie gesucht und gefunden. Viele unserer Glücksorte verbergen sich mitten in der kleinen Großstadt Reutlingen, hinter Mauern oder bewahrt von alten Traditionen. Andere Glücksorte haben uns hinaus in die Natur geführt. Wir entdeckten schöne Aussichten und schöne Ansichten – im wörtlichen wie im übertragenen Sinne. Unsere Glücksorte möchten wir mit Ihnen teilen, denn Glück wird nicht weniger, sondern mehr, wenn man es teilt.

Uschi Kurz und Anne Faden

Deine Glücksorte …

… noch mehr Glück für dich

Oase der Ruhe

1 Besuch im Garten des Heimatmuseums

Es ist ein Kleinod mitten in der Altstadt. Wer durch den kleinen Torbogen schreitet, den erwartet ein Ort der Ruhe. Viele, die in der Innenstadt arbeiten, verbringen hier ihre Mittagspause, und auch Schülerinnen und Schüler schätzen die Abgeschiedenheit des kleinen Parks. Verborgen hinter den dicken Klostermauern des ehemaligen Königsbronner Pfleghofs liegt der Garten des Heimatmuseums, der mit Bäumen, Sträuchern und Stauden bepflanzt ist. Hier blüht fast immer etwas. Dazwischen berichten steinerne Zeugnisse von der Vergangenheit. Ein kleines Lapidarium birgt Fragmente der Marienkirche, Sühnekreuze, Grabmäler und Skulpturen. Die Zeit scheint stehengeblieben. Bänke und Stufen laden zum Verweilen ein, regelmäßig gibt es an dem lauschigen Ort Lesungen und Konzerte. An einer Seite des von Mauern umschlossenen Musemsgartens steht die Kapelle des Königsbronner Pfleghofs, die um 1500 von einem unbekannten Baumeister im spätgotischen Stil als Messkapelle für die Ordensbrüder erbaut wurde.
Die Kapelle hat einen einschiffigen Raum mit Netzgewölbe. Das Schiff ist vom Chor durch einen gotischen Chorbogen getrennt. Seit der Reformation wurde die Kapelle nicht mehr für kirchliche Zwecke genutzt. In jüngster Vergangenheit hat sie eine neue Nutzung erfahren: Seit 2004 finden hier romantische Trauungen mit maximal 30 Gästen statt. Auch für Ausstellungen öffnet die Stadt Reutlingen die kleine historische Kapelle. Wenn das Licht durch die spitzbogigen Fenster bricht, entsteht eine ganz zauberhafte Stimmung. Musiker schätzen die Kapelle wegen ihrer Akustik. In der Musica-Antiqua-Reihe erklingt Musik vergangener Jahrhunderte an traditionellen Stätten Reutlingens: der Zyklus „Wintermusik" im Saal des historischen Spitalhofs, die „Sommermusik" in der Sondelfinger Stephanuskirche und die „Herbstmusik" in der spätgotischen Kapelle im Garten des Heimatmuseums. Für Musiker wie Gäste ein besonderes stimmungsvolles Erlebnis.

- Heimatmuseumsgarten, Oberamteistraße 22, 72764 Reutlingen, Tel. (0 71 21) 3 03 28 34, www.reutlingen.de
- ÖPNV: Reutlingen Hauptbahnhof

Markise mit Tradition

2 Französisches Flair im Vis-à-Vis

Eine rot-weiße Markise über der Fensterfront mit den markanten Metallsäulen, dahinter dunkle Bistrotische. Wer in der Fußgängerzone vor dem Vis-à-Vis steht, fühlt sich unversehens nach Frankreich versetzt. Als Moni und Gitta die Kaffeekneipe mit dem französischen Flair in der Reutlinger Altstadt vor über 40 Jahren gründeten, mussten sie die Brauerei erst von der innovativen Idee „Kaffee plus Kneipe" überzeugen. Doch das Konzept nach dem Motto „frühmorgens so sympathisch wie spätabends" hat von Anfang an funktioniert.
2007 übernahm das Gastronomenpaar Steff und Steffi Löwl das „Vis", wie es von Stammgästen liebevoll genannt wird. Beide hatten schon viele Jahre zuvor als Jobber in der Kneipe angefangen und sich so das Studium finanziert. Sie änderten nur wenig am Konzept, führten Produkte aus fairem Handel ein und renovierten gerade so viel, dass das Kneiple seinen Charme nicht verlor. Die alte Theke ist geblieben ebenso wie die Markise, unter der sich an lauen Sommerabenden die Gäste um die runden Tische drängen.
Die Markise an dem alten Fachwerkgebäude hat Tradition. Eine historische Aufnahme aus den 1930er-Jahren zeigt einen Feinkostladen – mit rot-weißer Markise. Natürlich wurde sie seither mehrfach erneuert, erzählt Steff, aber das Gestänge ist über 100 Jahre alt. Im Vis-à-Vis kann man nicht nur lecker frühstücken, es gibt auch einen Mittagstisch und am Abend Snacks für den kleinen Hunger. Äußerst beliebt ist die Currywurst im Glas, aber auch Vegetarier kommen auf ihre Kosten.
Jeden ersten und dritten Donnerstag im Monat wird während des normalen Kneipenbetriebs das Vizz-Quizz veranstaltet. Gerätselt wird allein oder in Gruppen. Der oder die Sieger müssen das übernächste Vizz-Quizz ausrichten und sich möglichst knifflige Fragen überlegen. Und dann ist das Vis-à-Vis noch ein ganz besonderes Örtchen, denn es ist – wie einige weitere Reutlinger Gastronomiebetriebe – als „nette Toilette" ausgewiesen. Ein kostenloser Service, der schon manchen Druck gelindert hat.

TIPP

Wer beim Quizabend als Rateteam dabei sein möchte, sollte sich frühzeitig einen Tisch reservieren.

- Vis-à-Vis, Wilhelmstraße 105, 72764 Reutlingen, Tel. (0 71 21) 31 02 99
www.visavis-reutlingen.de
- ÖPNV: Reutlingen Hauptbahnhof

VIS À VIS

Ach All(mächtiger)

3

Ausflug auf den Reutlinger Hausberg Achalm

„Ach All(mächtiger)!" Diesem letzten, unvollendet gebliebenen Seufzer eines tödlich getroffenen Soldaten in der Schlacht bei Reutlingen soll – dem Dichter Ludwig Uhland zufolge – der Reutlinger Hausberg seinen Namen verdanken. Andere behaupten sogar, es sei der bei einem Anschlag tödlich verwundete Burgherr Graf Egino selbst gewesen, dem dieser Stoßseufzer entfuhr. Wahrscheinlicher freilich ist die Theorie, dass der Name des 707 Meter hohen Zeugenbergs auf den indogermanischen Begriff „Akalma", zurückgeht, der einen hervorragenden, spitzen Berg bezeichnet.

Wie dem auch sei, der Reutlinger Hausberg, der sich seit 2009 im Besitz der Stadt befindet, ist eines der beliebtesten Ausflugsziele der Achalmstadt. Auf der Spitze gibt es noch Mauerreste der im 11. Jahrhundert errichteten Burg und einen Bergfried, der 1838 als Aussichtsturm wieder aufgebaut wurde. Den Anstieg kann man vom Parkplatz am Scheibengipfel aus in Angriff nehmen. Vorbei an der Achalm-Gaststätte geht es auf Stufen und befestigten Wegen steil bergauf. Unterhalb des Gipfels erreicht der Wanderer an der südöstlichen Bergseite den sogenannten Rappenplatz, bestehend aus zwei natürlichen Terrassen, die in prähistorischer Zeit erweitert und begradigt wurden. Hier bietet sich mit schönem Fernblick eine kleine Rast an, um dann frisch gestärkt die letzten Meter zum Gipfel zu erklimmen. Oben wird man mit einer spektakulären Aussicht auf die Stadt und die Schwäbische Alb belohnt.

TIPP

Es gibt eine Stadtführung mit dem Bus, die auch an den Fuß der Achalm führt.

Wer sich mehr für historische Details der Stadtgeschichte interessiert, dem sei der geführte, rund zweistündige Spaziergang von der Stadtmitte hinauf zum Scheibengipfel empfohlen. „Der Weg zur Achalm" führt am Städtischen Weinberg vorbei. Auf dem Scheibengipfel erwartet die Teilnehmer die Geschichte vom kurzen Reutlinger Goldrausch im Jahr 1716. Doch bei den glänzenden Steinen handelte es sich lediglich um Pyrit, also Katzengold. Das Gebiet dort oben aber heißt bis heute Goldloch.

● Achalm, Gemarkung: Stadt Reutlingen; Infos und Tickets für die Führungen in der Tourist-Info, Marktplatz 14, 72764 Reutlingen, Tel. (0 71 21) 93 93 53 53

Kultur mit Kante

4 Das soziokulturelle Zentrum franz. K

„Wenn es das franz. K nicht gäbe, müsste man es erfinden“, meinte einmal ein glücklicher Besucher. Doch zum Glück es gibt das soziokulturelle Zentrum franz. K in dem alten französischen Casino in Reutlingen – und das nun schon seit 2008. An rund 300 Tagen im Jahr bietet das franz. K ein vielfältiges Programm – Pop-, Rock-, Jazzkonzerte, aber auch Weltmusik, Theater, politische Veranstaltungen und vieles mehr.

Ein Schwerpunkt liegt auf der interkulturellen Arbeit, die alljährlich mit dem kostenlosen dreitägigen Festival „inter:Komm!“ gefeiert wird. Dabei treten bekannte Weltmusikbands auf, es beteiligen sich aber auch migrantische Vereine der Stadt. Das franz. K ist bunt und zeigt immer Kante. Viele Künstlerinnen und Künstler, deren Karriere später durch die Decke ging, hatten hier ihre ersten Auftritte. Von Anfang an gehörte die beliebte Poetry-Slam-Veranstaltungsreihe „Poesie & Pommes“ dazu, nach der schon mancher Wortakrobat den Sprung auf die Profibühne geschafft hat.

TIPP

Das benachbarte, selbstverwaltete Café Nepomuk mit seinem schönen Biergarten ist einen Besuch wert.

Mittlerweile ist der Spielort nicht mehr auf den ehemaligen Kinosaal beschränkt – das franz. K hat ein großzügiges Open-Air-Gelände bekommen, den echaz.Hafen. Die neue Spielstätte liegt direkt hinter dem Kulturzentrum an der Echaz. Der Hafen besteht aus 26 alten Seecontainern, sie bilden die Bausteine für eine mächtige überdachte Showbühne. Auch die Gastronomie ist in Containern untergebracht. Die Gäste stehen oder sitzen zwischen den stimmungsvoll beleuchteten alten Platanen. Mit dem echaz.Hafen hat das franz. K ein neues Format aufgelegt: das „HafenSounds-Festival“. Die HafenSounds präsentieren auf dem Seecontainerareal bekannte Künstlerinnen und Künstler. Darunter auch Bands, die zuvor nie in Reutlingen waren, weil es für sie keine ausreichend große und vom Ambiente her passende Location gab. Im Sommer stehen große Open-Air-Konzerte im Programm. Ob beim gemütlichen Stammtisch unter Platanen oder während eines hochkarätigen Konzerts – in diesem Hafen möchte man gerne andocken.

- franz. K, Unter den Linden 23, 72762 Reutlingen, Tel. (0 71 21) 6 96 33 22
  www.franzk.net
- ÖPNV: Reutlingen Hauptbahnhof

Film ab, Genossen

5

Kinofreuden im Kamino

Statt Popcorn gibt es Salzmandeln im Glas und statt Cola fair gehandelte Limo. Die Weinauswahl ist so fein wie das Programm und natürlich darf man die Getränke mit in die Vorstellung nehmen. Das Kamino ist ein Kino zum Verlieben.

Die Initialzündung kam von zwei Cineasten, die mit dem Filmangebot in Reutlingen unzufrieden waren. Sie vermissten Filme abseits des Mainstreams und begannen im Herbst 2012, nach Mitstreiterinnen und Mitstreitern zu suchen. Schon ein Jahr später wurde eine Genossenschaft gegründet mit 300 Mitgliedern, von denen jeder mindestens einen Anteil à 200 Euro kaufte, damit der Traum vom gemeinschaftlichen Kino Realität werden konnte. Im Wendler Areal, einem ehemaligen Fabrikgelände, wurde eine passende Location gefunden und in Rekordzeit ausgebaut. Am 17. September 2015 war es so weit: Im Kamino – der Name erinnert an den Fabrikschlot – hieß es „Film ab". Beim ausverkauften Premiereabend wurde „Taxi Teheran" gezeigt. Die Gäste waren von dem kleinen Kinosaal mit den bequemen Kinosesseln begeistert. Die Beinfreiheit ist auf allen 92 Plätzen so großzügig, dass man auch Filme mit Überlänge bequem genießen kann. Rollstuhlfahrer können die breite mittlere Sitzreihe nutzen.

TIPP
Unter dem Sternenhimmel: Immer im August organisiert das Kamino Open-Air-Kino im Spitalhof.

Mittlerweile haben fast 900 Genossinnen und Genossen Anteile gezeichnet – das Kamino ist ein fester Bestandteil in der kulturellen Landschaft der Stadt geworden. Zahlreiche Mitglieder tragen aktiv zum Gelingen bei, stehen an der Kasse, verkaufen Getränke oder arbeiten in Technik und Verwaltung mit. Auch an der Programmgestaltung sind die Genossen beteiligt. Sind beide Abendvorstellungen ausverkauft, wird es im Foyer, wo sich die Besucher begegnen, ganz schön eng. Deshalb hat die Genossenschaft benachbarte Räumlichkeiten angemietet. Das Kamino soll erweitert werden und vielleicht gelingt es sogar irgendwann, eine zweite Leinwand zu installieren. Dann wäre das Glück im Programmkino perfekt.

- Kino KAMINO, Wendler-Areal, Ziegelweg 3, 72764 Reutlingen, Tel. (0 71 21) 9 39 72 47, www.kamino-reutlingen.de
- ÖPNV: Haltestelle Achalmbad oder Ledergraben

DIE HERRLICHKEIT DES LEBENS
HENRIETTE CONFURIUS
SABIN TAMBREA

Trachten im Trippelhaus

6

Bäuerliche Kultur im Betzinger Dorfmuseum

Über eine breite Stiege an der Außenwand, den sogenannten „Trippel", gelangen die Gäste in das alte Fachwerkhaus. Das Gebäude aus dem 18. Jahrhundert ist das größte Exponat des Museums „Im Dorf" Betzingen. Seit 1988 ist die Außenstelle des Reutlinger Heimatmuseums in dem für Betzingen so typischen Trippelhaus untergebracht, das ein vermögender Schultheiß 1745 erbauen ließ. Die Dauerausstellung beschäftigt sich mit der ländlichen Dorfkultur und der Lebensweise im 19. Jahrhundert. Aber auch der durch die Industrialisierung beginnende Wandel im Alltag der Dorfbewohner wird thematisiert.

Der Rundgang führt direkt in die Vergangenheit. Vom Stall über die Küche, die Wohnstube, die Schlafkammer und die Ausgedingstube bis zur Fruchtkammer unter dem Dach ist der Bauernhaushalt stilecht eingerichtet. Weitere Ausstellungsschwerpunkte sind die Betzinger Trachten und die Genremalerei des 19. Jahrhunderts. Die prächtigen Betzinger Trachten waren ein reizvolles Motiv für die beliebten Genrebilder vom romantischen Landleben und zogen sogar Maler aus dem Ausland an. Das kleine Trachtendorf im Echaztal gilt als die früheste Künstlerkolonie Württembergs. Sogar in der Zeitschrift „Gartenlaube" wurde Betzingen als „Perle der Trachtendörfer" gefeiert.

TIPP

Das Museum ist von April bis Oktober sonntags von 11 bis 18 Uhr geöffnet. Der Eintritt ist frei.

Neben der gut bestückten Dauerausstellung organisiert der Betzinger Albverein themenbezogene Sonderausstellungen. Eine viel beachtete Fotoausstellung erinnerte beispielsweise daran, wie in den 1950er-Jahren in Betzingen Coca-Cola gebraut wurde.

Einmal jährlich lädt das Museum zum Jazz-Frühschoppen in den Bauerngarten ein. Zudem gibt es regelmäßig landwirtschaftliche Schautage, bei denen man die Arbeitsweise der bäuerlichen Vorfahren hautnah erleben kann. Auch die traditionelle Sichelhenke ließ das Museum im Dorf wieder aufleben. Dieses Erntefest wurde in Süddeutschland gefeiert, wenn das letzte Getreidefeld abgeerntet oder der letzte Erntewagen eingefahren war. Damals wie heute ein glücklicher Moment.

● Museum „Im Dorf" Betzingen, Im Dorf 16, 72770 Reutlingen,
Tel. (0 71 21) 3 03 28 67, www.reutlingen.de/historischemuseen/museumimdorf
● ÖPNV: Haltestelle Betzinger Bahnhof

Mit Mark im Markwasen

7 Glücksgefühle im Sport- und Freizeitpark

Fußball, Beachvolleyball oder einfach eine Runde joggen? Bewegung setzt Endorphine frei. Ob beim Leistungssport, beim Freizeitkick oder einem gemütlichen Spaziergang – im Sport- und Freizeitpark Markwasen gibt es eine Menge Möglichkeiten, um Glückshormone zu produzieren. Das rund 85 Hektar große Gelände mit mehreren Seen und Tümpeln sowie einem Wald mit Wildgehege ist sowohl für Sportler als auch für erholungssuchende Menschen ein Paradies. Eine Rindenschrotbahn führt in drei unterschiedlich langen Runden durch das Freizeitgelände, die Spaziergänger können zwischen mehreren Wanderwegen wählen.

Der Markwasen ist aber nicht nur für Sportsfreunde und Spaziergänger ein Glücksort, er gefällt auch vielen Tieren. Vor einigen Jahren ließ sich Mark, der Biber, am Schlattwiesensee nieder. Mittlerweile hat der Großstadtbiber sogar eine Partnerin gefunden. Zahlreiche angenagte Bäume zeigen – sie sind ganz in der Nähe, aber man bekommt die nachtaktiven Nager normalerweise nicht zu Gesicht. Der Markwasen beherbergt zudem eine bedeutende Erdkrötenpopulation, auch Grasfrösche, Teich- und Bergmolche sind hier heimisch. Um die seltenen Tiere zu schützen, wurde einer der Teiche ausgebaggert und vertieft. Auf dem Lehrpfad „Von Lurchen und Leuten“ kann man die Lebensweise der verschiedenen Amphibienarten erfahren.

TIPP

Am Rand des Naherholungsgebiets gibt es einen Wohnmobilstellplatz (Infos unter www.tourismus-reutlingen.de).

In der Laichzeit sind abends Krötensammler unterwegs, um die Tiere sicher über die nahen Straßen zu bringen. Zudem wurde unter der Landstraße ein 28 Meter langer und 4 Meter breiter Tunnel gebaut, der Amphibien, aber auch Fußgängern und Radlern einen gefahrlosen Durchgang ermöglicht. Der Amphibientunnel, der den Wasenwald mit dem Naturschutzgebiet Listhof verbindet, ist auch in künstlerischer Hinsicht einen Besuch wert: Der Tübinger Johannes Blinkle, der in der Graffitiszene als „Looven“ bekannt ist, hat den Durchlass mit fotorealistischen Motiven verziert. Nun grüßen Feuersalamander, Gelbbauchunke und Grasfrosch überlebensgroß von den Wänden.

- Sport- und Freizeitpark Markwasen, An der Kreuzeiche 4, 72762 Reutlingen
- ÖPNV: Haltestelle Markwasen

Von Bläsern und Blumen

8 Glücksmomente auf dem Wochenmarkt

Wenn um 9 Uhr in der Früh vom Turm der Marienkirche ein Bachchoral erklingt, wundern sich nur auswärtige Besucher. Die Einheimischen wissen: Heute ist Markttag. Schon seit dem 16. Jahrhundert erklimmen regelmäßig Bläser mit ihren Instrumenten den gotischen Kirchturm. Sie pflegen damit eine der ältesten Traditionen der Stadt. Früher waren die Turmbläser Wächter. Wenn es in der Stadt brannte, Angreifer im Anmarsch waren oder ein Gewitter aufzog, warnten sie die Bevölkerung. Diese Alarmfunktion ist heutzutage obsolet, der Brauch des Turmblasens aber ist geblieben. Immer an den Markttagen steigt ein eingespieltes Quartett die 224 Stufen des Turms hinauf. In himmlischer Höhe angekommen, spielen die Musiker zwei Bachchoräle, erst in Richtung Oberstadt, dann wechseln sie auf die andere Seite des Turms und blasen in Richtung Rathaus. Über 300 Bachchoräle haben die Turmbläser im Repertoire.

TIPP

An Markttagen lohnt um 12 Uhr die Andacht mit „Orgel und Gedanken zur Marktzeit" in der Marienkirche.

Während die Bläser vom Turm musizieren, haben die Händler auf dem nahen Marktplatz längst ihre Verkaufsstände eröffnet und die Frühaufsteher bedient. Seit über 800 Jahren spielt der Wochenmarkt eine wichtige Rolle für die Versorgung der Stadt mit regionalen Erzeugnissen. An 3 Tagen, dienstags, donnerstags (nur im Sommer) und samstags, belebt das bunte Treiben die Innenstadt. Auf dem Marktplatz und zwischen Wilhelm- und Kanzleistraße bieten rund 50 Händler und Selbsterzeuger ihre Produkte an. Hier gibt es frisches Obst und Gemüse, Wurst-, Käse und Geflügelspezialitäten, Brot und Backwaren und auch Pflanzen und Schnittblumen.

Eine besondere Augenweide ist der Stand der Blumenmönche. Seit über 50 Jahren produziert diese Ordensgemeinschaft in Dettingen an der Erms ihre Pflanzen nach dem Motto „Blumen sind das Lächeln Gottes über der Erde". Ihre farbenfrohen Sträuße und Pflanzen bieten sie auf den Wochenmärkten der Region an. Wie im Garten Eden wollen die Mönche in ihren grünen Kutten mit den üppigen Blüten Glücksmomente in den grauen Alltag zaubern.

● Reutlinger Wochenmarkt, Marktplatz 8, 72764 Reutlingen, www.reutlingen.de
● ÖPNV: Reutlingen Hauptbahnhof

Glücksmischung

9 Im Kaffeehäusle in der Pomologie

Diesem Café nähert man sich am besten von der Rückseite aus. Wer Glück hat, ergattert dann einen der begehrten Plätze im Freien oder auf der Terrasse – mit Blick auf die geschwungenen, farbenprächtigen mit Mosaiken verzierten Sitzbänke und den idyllischen Park. An der rückwärtigen Fassade hängt der Kunstautomat – ein umfunktionierter Zigarettenautomat – aus dem man für wenig Geld eine Box mit einem winzigen Kunstwerk herauslassen kann. Verpackt wurden die Unikate von den Kunstschaffenden selbst: kleine originelle Bilder, Objekte und Zeichnungen – kleines Glück zum Mitnehmen.

Im Kaffeehäusle dominieren warme Rot- und Brauntöne. An den kleinen Bistrotischen wird in einer ganz besonderen Atmosphäre genossen, gearbeitet und gefeiert. Das Kaffeehäusle verkörpert wie kein zweiter Ort in Reutlingen eine gelungene Integration. Als das Kaffeehäusle des Lebenshilfe Vereins 1984 bei der Landesgartenschau seine Pforten in der Pomologie öffnete, begann eine Erfolgsgeschichte. Dass Menschen mit Behinderungen in der Gastronomie auch im Service arbeiten, wo oft schon Menschen „ohne" an ihre Grenzen stoßen, ist alles andere als selbstverständlich. Schließlich ist Kunde König manchmal ganz schön schwer zufriedenzustellen.

TIPP

Das Kaffeehäusle kann für private Veranstaltungen gemietet werden.

Sieben Menschen mit Handicap haben hier mittlerweile ihren Traumjob gefunden. Sie arbeiten mit dem hauptberuflichen Personal in allen Bereichen zusammen und sind mit ihrem Charme eine große Bereicherung. Das leckere gastronomische Angebot ergänzen kulturelle Veranstaltungen: Ausstellungen, Konzerte und Vorträge. Das Ganze kann freilich nur gestemmt werden, weil viele Ehrenamtliche mithelfen.

„Die Mischung macht's" lautet deshalb auch das Motto des „ganz gewöhnlichen Cafés mit den außergewöhnlichen Menschen". Ein Motto, das sich dort tagtäglich von Neuem beweist. Vom Schlipsträger bis zum krabbelnden Kleinkind reicht das Spektrum der Gäste, die das Tagesessen im Kaffeehäusle genießen oder dort am Nachmittag genussvoll ein Eis schlecken.

- Kaffeehäusle, Alteburgstraße 15, 72764 Reutlingen, Tel. (0 71 21) 2 03 80 83, https://www.lebenshilfe-reutlingen.de/kaffeehaeusle-lebenshilfe-reutli.html
- ÖPNV: Haltestelle Volkspark/Pomologie

Blüten der Hoffnung

10 Zauberhafte Begegnungen im Atelier Degenhardt

Spaziergänger bleiben stehen und staunen. Wenn sie Glück haben, sehen Heidi oder Manfred Degenhardt sie und heißen sie herzlich willkommen. Wer möchte, darf ihr am Wannweiler Waldrand gelegenes Anwesen dann betreten und den zauberhaften Skulpturengarten besichtigen. Elfen und Faune tummeln sich zwischen mythologischen Wesen – halb Mensch, halb Tier. Besucher des terrassierten, mediterran anmutenden Grundstücks fühlen sich unversehens in südliche Gefilde versetzt. Eine nackte Schöne räkelt sich auch im tiefsten Winter an einem kleinen Teich – wie alle Skulpturen ist auch sie aus Stein oder Keramik.

Das Künstlerpaar Heidi und Manfred Degenhardt hat sich hier im Laufe der Jahrzehnte ein Paradies geschaffen. Das Haus erstrahlt in einem warmen Rötelton und ihre Werke aus dem Atelier finden oft den Weg ins Freie. Während der renommierte Bildhauer und Holzschneider Manfred Degenhardt häufig Themen der griechischen Mythologie und der keltischen Kunst aufgreift, lässt sich seine Frau Heidi von der Natur inspirieren. Mittlerweile arbeitet die Keramikerin fast ausschließlich mit Porzellan, das sie oft mit Gold bemalt. Beim Brennen der Objekte kommen organische Materialien – Gräser und Blätter – zum Einsatz, sodass das Ergebnis selbst die Künstlerin überrascht. Mal bilden sich zarte Gebilde, die an Meeresbewohner erinnern, dann wieder formt Degenhardt zerbrechliche Vasen, auf denen feine Goldlinien mögliche Bruchstellen markieren. Sie ähneln jenen, die bei der traditionellen japanischen Keramikreparaturmethode Kintsugi entstehen.

TIPP
In der Dorfmitte im Wannweiler Rathauscafé ein leckeres Eis genießen.

Während der Pandemie hat die Porzellankünstlerin „Blüten der Hoffnung" gefertigt, die als Tisch- oder Wanddekoration erfreuen sollen. Heidi Degenhardt gibt auch Kurse für Kinder und Erwachsene. Krebskranke Kinder können so für einige Stunden ihre Krankheit vergessen, hochbegabte, oft hyperaktive Jugendliche für eine Weile Entspannung finden. So können alle das Glück, das Heidi Degenhardt bei der Arbeit mit Ton empfindet, selbst erfahren.

- Atelier Degenhardt, Charlottenstraße 19, 72827 Wannweil, Tel. (0 71 21) 5 73 83
www.atelier-degenhardt.de
- ÖPNV: Wannweiler Bahnhof

Zwischen Tuff und Tulpen

11 Bei den Samenhändlern von Gönningen

Ob früh- oder spätblühend, einfach, gefüllt oder lilienblütig – wunderschön sind sie alle. Und am schönsten sind sie bei der Tulpenblüte in Gönningen. Bis zu 50.000 Tulpen und Narzissen erblühen dort alljährlich auf dem Tulpenplatz in der Dorfmitte, an den Ortseingängen und auf dem Friedhof. Tausende von Blumenfans lassen sich diese Farbenpracht im Frühjahr nicht entgehen und holen sich Anregungen und Zwiebeln für ihre eigenen Pflanzungen.

Der Samenhandel, der in Gönningen eine lange Tradition hat, erreichte im 18. und 19. Jahrhundert seinen Höhepunkt. Fast die Hälfte der 2600 Einwohner der kleinen Gemeinde waren zeitweilig in ganz Europa und sogar in Amerika unterwegs, um die begehrten Samen und Blumenzwiebeln zu verkaufen. Als Ende des 19. Jahrhunderts das Hausieren verboten wurde, setzten die Gönninger Samenhändler im Reichstag durch, dass sie weiter durch das Land fahren und Handel treiben durften. Dieser Ausnahmeparagraf ging als „Lex Gönningen" in die Geschichte ein.

TIPP

Bei der Gönninger Saatgutbörse können sich Blumenfreunde mit historischen Sorten eindecken.

Als die Gönninger 1902 Eisenbahnanschluss bekamen, trug die Bahn den Samen im Namen: „Somaschell". Schon damals entwickelte sich in Gönningen ein wahrer Wettstreit um die schönste Blumenpracht, was nicht unbemerkt blieb. Sonderzüge brachten Wochenendausflügler in das kleine Dorf. Sogar die Württembergische Königin Charlotte war mehrfach zu Besuch und zeigte sich von dem Blütenmeer beeindruckt.

Die Blütezeit der Gönninger Samenhändler ist längst vorbei, doch der Brauch der Tulpenblüte wurde 2004 vom Verein Gönninger Tulpenblüte neu belebt. Bei einem Spaziergang durch Gönningen zeigt sich, dass nicht nur die Samenhändler hier ihre Spuren hinterließen. Der Kalktuffabbau im Wiesaztal trug einst – wie der Samenhandel – zum Gedeihen der Gemeinde bei. Im ehemaligen Notariat des aus Tuffstein erbauten Rathauses ist das Samenhandelsmuseum untergebracht. Anschaulich präsentiert werden hier die Handelswege und die Utensilien der Gönninger Händler, die einst mit Samen ihr Glück machten.

- Gönninger Tulpenblüte, 72770 Reutlingen-Gönningen, www.tulpenbluete.de
- ÖPNV: Haltestelle Gönningen-Tulpenplatz

Nichts von der Stange

12

Schönes aus dem handfest-Laden

In der Wilhelmstraße 111 in Reutlingen geht es handfest zu – im wörtlichen wie übertragenen Sinne. Die beiden Geschäftsführerinnen Annette Scheuermann und Eva Kissel verkaufen im handfest-Laden individuelle, handverlesene Ware. Nichts ist von der Stange. Viele der Produkte sind hangemacht oder können – wie die besondere Taschenkollektion – von den Kunden bestellt werden.
Angefangen hat alles damit, erzählen die beiden Freundinnen, dass sie viele talentierte Künstler, Handwerker und Designer in der Region kannten, denen sie eine Plattform für ihre Handarbeiten bieten wollten. Den ersten von mehreren handfest-Märkten organisierten sie 2010. Diese Märkte kamen so gut an, dass sie 2013 mit demselben Konzept ihren ersten Laden eröffneten. Mittlerweile sind sie zweimal umgezogen und haben sich dabei jedes Mal vergrößert. Jetzt haben sie ihre Poleposition gefunden – mitten in der Fußgängerzone in einem großzügigen Ladengeschäft, das sich über zwei Stockwerke erstreckt.
Die Auswahl ist vielfältig und reicht von kleinen Möbeln über Wohnaccessoires wie Kissen und Vasen, Lederwaren, Tischdeko bis zu originellen Alltagshelfern. Die Inneneinrichtung schafft eine so heimelige Atmosphäre, dass man sich gerne beim Einkauf beraten lässt – vielleicht auf dem grünen Sofa in der oberen Etage. Auf der Jagd nach Schönem und Feinem klappern Scheuermann und Kissel viele Messen ab, es gibt aber auch nach wie vor Handgemachtes von regionalen Produzenten, wobei Wert auf Nachhaltigkeit gelegt wird. Die Waren werden in verschiedenen Bereichen liebevoll präsentiert. Es gibt eine Kinderecke und eine Wellnessoase, eine Stoffabteilung und einen Bereich für Haushaltsgegenstände sowie einen gut sortierten Bereich mit pfiffigen Karten und Papeteriewaren. „Hier wohnt das Glück" heißt es auf einem Schild in einem der Regale. Und wenn man in die zufriedenen Gesichter von Kundinnen und Kunden blickt, die ein Geschenk suchen oder sich selbst beschenken, möchte man meinen, dass dies durchaus zutrifft.

TIPP

Eine tolle Geschenkidee: der Gutschein für „Allerhand Schönes".

● handfest-Laden, Wilhelmstraße 111, 72764 Reutlingen, Tel. (0 71 21) 9 37 69 31
www.handfestladen.com
● ÖPNV: Reutlingen Hauptbahnhof

POP
TEE
LOVE
CLIMA

Es grünt so grün

13 Auf der GardenLife in der Pomologie

Während der Coronapandemie haben viele Menschen entdeckt, wieviel Glück der eigene Garten bescheren kann. Zwischen Stauden und Blumenbeeten darf die Seele baumeln, hier lässt sich Kraft und Sonne tanken. Dabei muss das grüne Fleckchen Erde gar nicht groß sein. Auch Balkonien steht wieder hoch im Kurs. Und wenn der kleine Dachgarten, das Hochbeet oder die Kräuterschnecke dann auch noch einen gesunden Ertrag liefern, kommt Freude auf. Anregungen für Gartenfreuden kann man sich alljährlich im Mai bei der GardenLife in der Pomologie holen.

Die große Pflanzenschau beginnt an Christi Himmelfahrt und dauert 4 Tage. Rund 150 Aussteller bringen die historische Parkanlage am Rand der Reutlinger Innenstadt buchstäblich zum Erblühen. Hier kann man die neuesten Trends für eine großzügige Gartenanlage mit Pool und Gewächshaus kennenlernen, aber auch Tipps für die Gestaltung einer winzigen Terrasse bekommen. Zwischen farbenprächtigen Rosen und Hortensien finden sich Pflanzenraritäten vom seltenen Kaktus bis zur Wasserlilie. Und natürlich gibt es auch allerhand Sämereien, Werkzeuge und Accessoires zum Pflanzen.

TIPP
Die Tickets können im Vorfeld auch im Internet gebucht werden.

Fast 30.000 Gäste besuchen alljährlich die Gartenmesse, die von der Agentur solutioncube veranstaltet wird. Ein kleines Kulturprogramm und Mitmachangebote für Kinder lassen beim Spazieren durch die farblich abgestimmten Beete keine Langeweile aufkommen und auch die Gaumenfreuden kommen nicht zu kurz. An Food-Ständen können die Besucher hochwertige Produkte aus dem Biosphärengebiet verkosten oder unter blühenden Obstbäumen einen Aperitivo genießen. Was für ein Glück: Zur GardenLife informiert das Eduard-Lucas-Haus über den Gründer der Pomologie. Der in Erfurt geborene Obstbaupionier Eduard Lucas kam 1843 als Institutsgärtner nach Hohenheim und gründete 1859 in Reutlingen eine private Lehranstalt für Gartenbau, Obstkultur und Pomologie. Die Schüler des einzigartigen Pomologischen Instituts kamen aus ganz Europa.

- GardenLife in der Pomologie, Alteburgstraße 6, 72764 Reutlingen, Tel. (0 71 21) 36 40 70, www.gardenlife.de
- ÖPNV: Haltestelle Volkspark/Pomologie

Ganz in Weiß

14 Die Glückswerkstatt bei Münsingen

„Wir verkaufen wirklich Glück“, betonen Nathalie Tress und Lydia Koppensteiner. Die beiden betreiben im Albgut bei Münsingen ihre „Glückswerkstatt“ – ein exklusives Brautmodengeschäft mit Modellen von Designern aus ganz Europa. Der Blickfang ist eine Schneiderpuppe mit einem handgenähten Hochzeitskleid aus dem Jahr 1895. Das kostbare Ausstellungsstück ist genauso alt wie das einstige Kasernengebäude, in dem sich die Glückswerkerinnen eingerichtet haben.
Viele Menschen verbinden mit einer Hochzeit immer noch die strahlende Braut in Weiß. Und so ist der Kauf des Hochzeitskleides ein emotionales Erlebnis, für das man sich in der „Glückswerkstatt“ viel Zeit nimmt. Im Idealfall kauft man ein solches Kleid schließlich nur einmal im Leben. Bis zu 250 Kleider von Größe 36 bis 48 warten im historischen Ambiente des Backsteinbaus auf die Bräute. Alle in Weiß – von Reinweiß bis Champagner – mit ganz unterschiedlichen Schnitten und Materialien. Tress und Koppensteiner bevorzugen einen cleanen Stil ohne viel Schnickschnack. Nichts für Glitzerprinzessinnen. Was nicht heißt, dass es den Traum aus Tüll und Spitze nicht gibt. Romantisch ja, aber nicht überladen. „Die Braut muss das Kleid tragen und nicht das Kleid die Braut“, lautet das Credo.

TIPP
Im Albgut können Hochzeitslocations gebucht werden – von der rustikalen Schmiede bis zum Palais.

Die Beratung beginnt mit einem Gespräch, in dem Nathalie und Lydia viel über die Braut und die geplante Feier erfahren. Manchmal wissen sie sofort, welches Kleid zu der Frau passt, und manchmal überzeugt am Ende ein Modell, das die Braut zuvor kategorisch ausgeschlossen hatte. Begleitet werden die jungen Frauen meist von ihren Müttern und einer Freundin. Es gibt aber auch ältere Kundinnen, die genau wissen, was sie wollen. Der Traum in Weiß hat seinen Preis: Zwischen 1500 und 4000 Euro kosten die Hochzeitskleider, an denen möglichst wenig abgeändert werden soll. Wenn man viel ändern müsse, dann habe man das Richtige noch nicht gefunden, wissen Nathalie und Lydia, die beiden Frauen, die Glück verkaufen.

● Glückswerkstatt GmbH, Königspark 9 b / BT 3, 72525 Münsingen, Tel. (01 73) 4 01 42 34, www.gw-brautatelier.de

Ab in die Unterwelt

15 Mit dem Boot in die Wimsener Höhle

Das Wasser ist glasklar und eiskalt, die Luft angenehm kühl. Immer wieder muss man den Kopf einziehen, weil die Decke bedrohlich nahekommt. Der Ausflug in Deutschlands einzige mit dem Boot befahrbare Schauhöhle ist ein aufregendes Naturerlebnis für die ganze Familie. Die Stimme des Fährmanns, der die Gäste mit seinem Nachen in das Erdinnere bringt, hallt leicht nach. Geduldig erklärt er die Entstehung und die Geologie der Wimsener Höhle im Glastal, einem beliebten Wanderparadies auf der Schwäbischen Alb. Schon der Kurfürst Friedrich von Württemberg hat die Höhle einst besucht und war begeistert. Ihm zu Ehren wurde sie offiziell Friedrichshöhle genannt.

Die berühmte Wimsener Höhle ist die tiefste erforschte Wasserhöhle Deutschlands und Quelle der Zwiefalter Ach. Sie ist 1260 Meter lang – 1000 Meter davon sind bereits erforscht. Für die Besucher im Boot ist aber bereits nach 70 Metern Schluss, denn dort senkt sich die Höhlendecke bis zum Wasser. Im 12. Jahrhundert wurde der Quellfluss angestaut, damit die nahe Wimsener Mühle – heute eine beliebte Kulturlocation – betrieben werden konnte. Die Wimsener Höhle kann von Ende März bis Anfang November besucht werden. Späte Höhlenbesucher dürfen sich an weihnachtlichem Duft erfreuen. Seit vielen Jahren reift im Herbst in dem gleichmäßigen Höhlenklima ein besonderes Produkt: der Butterstollen der Bäckerei BeckaBeck aus Römerstein. 2 bis 3 Wochen lagert das Weihnachtsgebäck auf einem Kahn in der Wimsener Höhle. Konstant 7 Grad und rund 70 Prozent Luftfeuchtigkeit geben dem Stollen seine einzigartige Frische. 4000 Stück produziert die Bäckerei alljährlich – bis zum ersten Advent sind meist schon alle verkauft.

Direkt zwischen der Wimsener Höhle und der Mühle, an der Zwiefalter Ach, liegt der Bio-Gasthof Friedrichshöhle, ein stattlicher alter Hof, in dem einst die Müllersfamilie mit ihrem Vieh wohnte. Heute kann man sich dort mit Forellenspezialitäten sowie vegetarischen und veganen Gerichten der Familie Tress verwöhnen lassen.

TIPP

Vom kleinen Weiler Wimsen kann man durch das pittoreske Glastal oder das romantische Achtal wandern.

- Wimsener Höhle, Wimsen 1, 72534 Hayingen-Wimsen, Tel. (0 73 73) 91 52 60
  www.wimsen.de
- Bio-Gasthof Friedrichshöhle, 72534 Hayingen-Wimsen, Tel. (0 73 83) 9 49 80

Zimmer mit Aussicht

16

Arbeiten und ausspannen im Höhenhotel Achalm

Schon die Grafen Egino und Rudolf wussten die sagenhafte Aussicht zu schätzen und bauten im 11. Jahrhundert auf der Achalm eine wehrhafte Burg. Heutzutage kann man diesen besonderen Ort bei einem Aufenthalt in der exklusivsten Herberge Reutlingens genießen. Am Fuß der Achalm auf der Sonnenseite des Reutlinger Hausbergs steht das Achalm Hotel.

Hoteldirektor Dominic Heyden beschreibt seinen Arbeitsplatz so: „Das Achalm Hotel ist ein familiengeführtes Unternehmen mit herrlicher Aussicht und hervorragender Küche.“ Zur Achalm GmbH der Familie Dollinger gehören neben dem Hotel und dem Restaurant auch der liebevoll ausgebaute Schafstall. Ein außergewöhnliches Ambiente für private Feiern und Tagungen. Die Aussicht ist hier, wie in den 99 Zimmern und dem benachbarten Restaurant, einfach grandios. Beim Bau des Hotels, das sich gut in die Landschaft einfügt, wurde auf Nachhaltigkeit geachtet, das Haus nutzt Erdwärme, Sonnenenergie und Fotovoltaik. Auf der Achalm wohnen vier Bienenvölker – der Honig kann im Hotel erworben werden.

Schon im Foyer trifft man auf Spuren des berühmtesten Künstlers Reutlingens. Werke von HAP Grieshaber, der ganz in der Nähe sein Atelier hatte, sind im ganzen Haus verteilt. Unter der Woche checken vor allem Business-Gäste im Achalm Hotel ein, am Wochenende reisen die Leisure-Gäste an, die sich eine entspannte Auszeit gönnen. Äußerst beliebt ist der großzügige Wellnessbereich mit Sauna und Infinitypool. Wer hier schwimmt, hat die unendliche Weite der Schwäbischen Alb vor sich. Im Sommer lädt die Wiese zum Sonnenbad ein. Und dann gibt es noch drei Hochsitze, wo man – ausgestattet mit einem exquisiten Picknickkorb – die Aussicht genießen kann.

Immer wieder sorgen Events für geselliges Glück: Es gibt Weindegustationen, einen kleinen Weihnachtskünstlermarkt, Silvesterpartys und After-Work-Partys mit Außenbar und DJ. Wenn das die Grafen Egino und Rudolf wüssten.

TIPP

Einen der Hochsitze buchen und mit einem üppigen Schlemmerkorb den Sonnenuntergang beobachten.

● Achalm Hotel, Gewand 2, 72766 Reutlingen, Tel. (0 71 21) 48 20, www.achalm.com

Frisbee-Fieber

17 Der Discgolf-Parcours auf der Eninger Weide

Ein wenig Glück gehört schon dazu, um als Anfänger eine der bunten Scheiben in die Nähe des Korbs zu werfen oder gar hineinzutreffen. Doch spätestens nach den ersten Erfolgserlebnissen ist der Ehrgeiz geweckt und das Frisbee-Fieber hat einen erfasst. Discgolf, eine Mischung aus Frisbee und Golf, kann man seit 2012 auf der Eninger Weide spielen. Damals gründeten neun Mitglieder, die von der jungen Sportart begeistert waren, den Discgolfclub Achalm. In Eigenregie gestalteten Pepe Traub und seine Mitstreiter den Parcours unter Berücksichtigung des Naturschutzes und installierten nach und nach 18 Metallkörbe auf der Albhochfläche. Ziel beim Discgolf ist es, den Hindernisparcours mit möglichst wenigen Würfen zu durchspielen und mit den Scheiben in die Zielkörbe zu treffen. Es wird immer dort weitergespielt, wo das Frisbee liegen bleibt. Gewonnen hat, wer alle Spielbahnen mit den wenigsten Wurfversuchen schafft.

TIPP

Nach dem Sport zünftig im Wanderheim Eninger Weide einkehren oder übernachten (Tel. 0 71 21/ 8 73 72).

Discgolf spielt man in der freien Natur, es ist ein Sport für die ganze Familie und auch nicht teuer, erklärt Traub die Faszination. Man kann mit einer einzigen Scheibe anfangen, die man in der nahen Hütte des Schwäbischen Albverein zusammen mit einem Parcoursplan ausleihen kann. Der Kurs ist das ganze Jahr über bespielbar, ein Durchgang dauert etwa 2 Stunden. Schon von Weitem ist zu erkennen, ob gerade Frischlinge oder talentierte Werfer unterwegs sind, denn Profis haben Taschen mit einer großen Auswahl an Scheiben dabei.

Beim Golf gibt es verschiedene Schläger, beim Discgolf unterschiedliche Frisbees und weil der Sport ursprünglich aus den USA kommt, haben sie englische Namen: der Driver überwindet große Distanzen, mit dem Midrange nähert sich der Spieler dem Korb und mit dem Putter wird „eingelocht". Neben dem regelmäßigen Training für die Mitglieder bietet der Verein Schnupperkurse und Workshops an. Im Sommerhalbjahr werden Spaßturniere für jedermann veranstaltet. Aber Vorsicht: Das Frisbee-Virus ist ansteckend.

● Discgolf-Parcours, Wanderheim Eninger Weide, 72800 Eningen unter Achalm, Tel. (01 74) 3 39 83 15, www.discgolf-club.de

13

Gedächtnis der Stadt

18 Das Heimatmuseum erzählt Geschichte(n)

Das Heimatmuseum Reutlingen steht in einer der ältesten mittelalterlichen Häuserzeilen Süddeutschlands. Es ist nicht nur ein Haus voller Geschichte, es gehört selbst zur Stadtgeschichte. Im ehemaligen Pfleghof des Klosters Königsbronn gibt es historische Zeugnisse und Gegenstände aus über 800 Jahren zu entdecken. Das Erdgeschoss ist der Kirchengeschichte gewidmet.

Der Rundgang im ersten Stock führt die Besucher in die Zeit der Freien Reichsstadt. Der Stadtstaat wurde von 12 Zünften regiert. Alljährlich bei der Schwörwoche wählten sie den neuen Bürgermeister, der dann am Schwörsonntag seinen Eid im Dienst für die Bürgerschaft leistete. Seit 2005 wird der Schwörtag, mittlerweile von der UNESCO als Immaterielles Kulturerbe ausgezeichnet, wieder gefeiert. In der literarischen Abteilung im zweiten Obergeschoss trifft man auf zwei bedeutende Söhne der Stadt – den Journalisten und Eisenbahnpionier Friedrich List und den Schriftsteller Hermann Kurz.

TIPP
Unbedingt einen Abstecher in den lauschigen Museumsgarten mit der kleinen Kapelle machen.

In wechselnden Ausstellungen werden Themen zur Stadt- und Kulturgeschichte lebendig aufbereitet. Schneemänner und Engel in allen Variationen waren hier schon zu sehen, aber auch Gesellschaftsspiele im Wandel der Zeit. Und während sich die Kinder wundern, (mit) was ihre Eltern einst spielten, schwelgen die Erwachsenen in Erinnerungen. Bei der Sonderschau über Reutlinger Badegeschichten durfte auch ein Kapitel über die vielfältigen Bademoden nicht fehlen, die in der ehemaligen Textilstadt produziert wurden. Noch heute ist der Badeanzug „Orchidee“ der Firma Heinzelmann ein Hingucker.

Ein echter Hingucker entsteht derzeit auch am anderen Ende der mittelalterlichen Häuserzeile. Der gläserne Neubau ist in seinen Dimensionen ganz dem mittelalterlichen Bau nachempfunden, der in den 1970er-Jahren leider abgerissen wurde. Als neuer Eingangsbereich für das stadtgeschichtliche Museum wird das gläserne Haus für die nächsten Jahrhunderte tiefe Einblicke in die mittelalterliche Geschichte ermöglichen.

● Heimatmuseum, Oberamteistraße 22, 72764 Reutlingen, Tel. (0 71 21) 3 03 20 50
www.reutlingen.de/historischemuseen

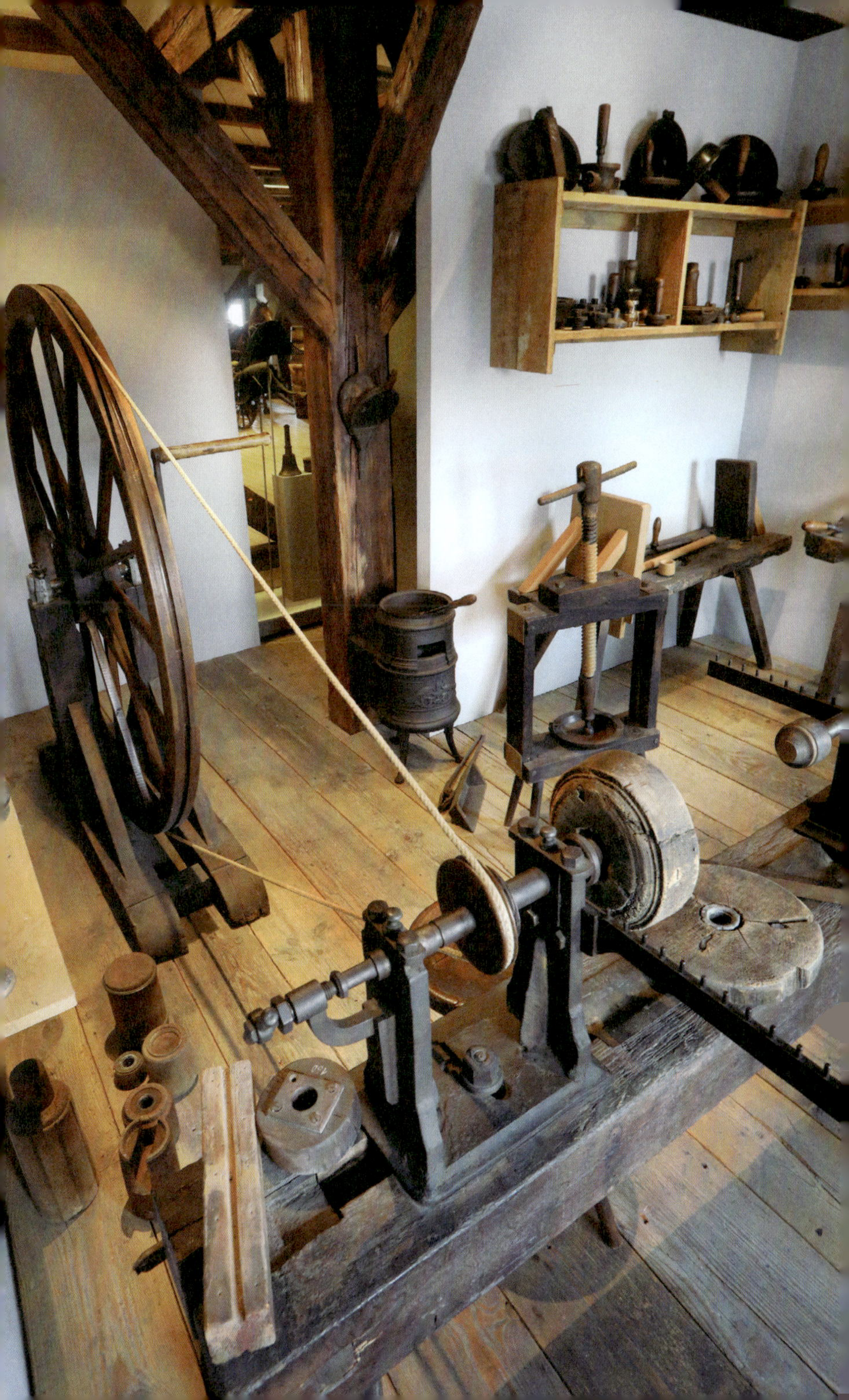

Steter Tropfen und guter Wein

19

In der Karls- und Bärenhöhle bei Erpfingen

Der Abstieg in die kühle Unterwelt dauert nur wenige Minuten und gleicht doch einer Reise in die Vergangenheit. Effektvoll beleuchtet, tauchen die ersten Stalagmiten und Stalaktiten auf. Die kalkhaltigen Tropfen haben sie im Laufe vieler Jahrhunderte wachsen lassen. Der eigentliche Star aber ist mindestens 15.000 Jahre alt und ein Höhlenbär. Sein Skelett ist die Attraktion in der meistbesuchten Schauhöhle der Schwäbischen Alb.

Die weit verzweigte Tropfsteinhöhle setzt sich aus der 1834 entdeckten Karlshöhle und ihrer 1949 entdecken Erweiterung, der Bärenhöhle, zusammen. Die zahlreichen Skelette von Höhlenbären, die dort gefunden wurden, gaben der Höhle ihren Namen. Bei der Restauration des berühmten Höhlenbären stellte man fest, dass er einst aus verschiedenen Skeletten zusammengesetzt worden war. Eine seiner Zehen stammt sogar von einem Höhlenlöwen. Den hat der Restaurator wieder angefügt – als Hommage an die Paläontologen vor ihm. Seit Kurzem gibt es eine weitere Attraktion. In der Höhle herrschen konstant Temperaturen von 9 Grad und fast 100 Prozent Luftfeuchtigkeit – ideale Bedingungen, um dort einen guten Tropfen reifen zu lassen. „Eine Weltneuheit!", schwärmt der Sonnenbühler Bürgermeister Uwe Morgenstern. Die Idee hatte die Tourismusbeauftragte Ulrike Müller. Als gebürtige Metzingerin fragte sie in ihrer Heimatstadt nach. Und die dortige Weingärtnergenossenschaft Metzingen-Neuhausen machte gerne mit. Die Metzinger Winzer kreierten speziell für die Bärenhöhle einen Cuvée aus Cabernet Dorsa, Cabernet Mitos und Lemberger. Damit füllten sie drei Barrique-Fässer, die jeweils 325 Liter fassen. Sie wurden in die Höhle gebracht, wo der guten Tropfen zwischen den Tropfsteinen reifen durfte. Anfang 2024 wurde der erste Bärenhöhlenwein in Flaschen gezogen. Das Ergebnis hat die Weinkenner überzeugt. Was für ein Glück: Die Bärenhöhle wird auch weiterhin als Weinkeller genutzt. Höhlenbär und Tropfsteine brauchen die Konkurrenz nicht zu fürchten. In der Höhle ist genug Platz.

TIPP

Direkt über der Bärenhöhle liegt das Traumland, ein Vergnügungspark mit einem Märchenpark.

● Bären- und Karlshöhle, Gewann 3, 72820 Sonnenbühl,
Tel. (0 71 28) 21 58 oder (0 71 28) 21 59

„Onderhos“ mit Aussicht

20

Der Pfullinger Schönbergturm

Den schneeweißen Turm auf dem Schönberg hoch über dem Echaztal kennt fast jeder in der Gegend. Freilich nicht unter seinem richtigen Namen, denn die Schwaben nennen das Pfullinger Wahrzeichen wegen seines eigenwilligen Aussehens liebevoll „d’ Onderhos“, auf Hochdeutsch Unterhose. Und tatsächlich erinnert die Doppelturmanlage, die der Stuttgarter Stararchitekt Theodor Fischer entwarf, an ein aufgehängtes, langes männliches Beinkleid, das vom Trocknen ganz steif geworden ist.

Der Schwäbische Albverein ließ den Aussichtsturm Anfang des 20. Jahrhunderts auf der Hochwiese des Schönbergs mit Spendengeldern errichten. Fischer konstruierte das 28 Meter hohe Bauwerk aus zwei schlanken Stahlbetonpylonen. Die beiden Turmschäfte für den Auf- und Abstieg sind oben mit einer Galerie verbunden. Aufmerksame Besucher können auf einer Treppenstufe einen in den Beton eingeritzten, kleinen Fisch entdecken. Ob sich hier der Meister selbst verewigt hat?

TIPP

Beim Turm laden zwei Grillstellen und ein Kinderspielplatz zu einem Picknick ein.

Nach 112 Stufen gelangt man auf die Aussichtsplattform und wird von einem fantastischen Rundblick belohnt. Tief unten im Tal liegen Pfullingen und Reutlingen, eingerahmt vom Georgenberg und der Achalm. Am Albtrauf tauchen Erhebungen und Berge auf – ganz in der Ferne der Stuttgarter Fernsehturm. Der Schönbergturm ist nur zu Fuß über einen steilen Waldweg zu erreichen. Ein idealer Ausgangspunkt ist der Wanderparkplatz Wanne – von dort braucht man etwa 20 Minuten. Ob der kleine Kiosk geöffnet ist, erkennt man von Weitem an der gehissten Fahne des Albvereins.

Zum 100. Jubiläum ließ sich der Albverein etwas Verrücktes einfallen: Mithilfe eines Hubschraubers und mutigen Steigern wurde dem Turm für einige Tage eine überdimensionale Unterhose übergezogen. Die beiden Pfullinger Künstler Helmut Bachschuster und Matthias Knodel planten die spektakuläre Aktion, realisiert wurde sie von der Bergwacht und der Feuerwehr. Saniert und frisch gestrichen, macht d’ Onderhos aber auch ohne Beinkleider einen blitzsauberen Eindruck.

● Schönbergturm Pfullingen, Brenneackerweg 1, 72793 Pfullingen
www.tuerme-wanderheime.albverein.net

Schönberg - Turm
Schönbergturm

Apfel oder Melone?

21

Bei Wörner-Dessous findet jede Brust ihr Körbchen

„Mein Hüfthalter bringt mich um!" Dieser weibliche Stoßseufzer leitete in den 1960er-Jahren den Werbespot für ein Mieder der Marke Triumph ein. Auch wenn diese Werbung von einst heute allenfalls Lachsalven produziert, so ist der Hintergrund doch ernst. Die Erfahrung von Silke Brucklacher, die in Reutlingen gemeinsam mit Kristina Wilhelm das Dessous- und Bademodengeschäft Wörner betreibt, zeigt: 75 Prozent aller Frauen tragen die falsche BH-Größe. Mit unangenehmen Folgen: Druckstellen, Schmerzen und Haltungsprobleme bringen die Trägerinnen zwar nicht um, können aber ihre Lebensqualität erheblich beeinträchtigen. Insbesondere bei einer großen Oberweite und auf die ist man bei Dessous Wörner spezialisiert.
„Passende Körbchen für Äpfel, Melonen und Kürbisse“ lautet der Slogan von Brucklacher und Wilhelm. Nach eingehender Beratung, sind beide überzeugt, findet bei ihnen nicht nur jede Brust ihr Körbchen, sondern auch jede Frau genau den Stil, der zu ihr passt. Ob natürlich schlicht in einem dezenten Beige oder aufreizend mit Spitzen in verführerischem Schwarz oder Rot. Die weiblichen Vorlieben, erzählt Brucklacher, sind nicht ans Alter gebunden. Unlängst habe sich eine betagte Dame in den Achtzigern für den sexiesten Büstenhalter im Sortiment entschieden. Und dann gibt es noch Mela Meloni, den Sport-BH, den Brucklacher entwickelt hat, damit beim Sport nur der Ball hüpft. Manche Kundinnen kommen von weither und einige haben hier schon ihren ersten BH gekauft.
Der Besuch im Körbchenparadies Wörner ist ein Erlebnis. Auch wegen des ansprechenden Ambientes. Die Einrichtung ist nostalgisch gediegen und modern zugleich. Schon das Schaufenster ist ein Hingucker. Mal bringen freche Karikaturen die Dessous zur Geltung, dann wieder wecken riesige Engelsflügel aus weißen Federn die Neugier. Brucklacher und Wilhelm haben übrigens auch Corsagen im Angebot, die mit dem Hüfthalter von einst nichts mehr gemein haben. Zum Glück!

TIPP

Für Herren gibt es Boxershorts mit Gipfel-Aufdruck – vom Matterhorn bis zum Großglockner.

● Wörner Dessous, 72764 Reutlingen, Wilhelmstraße 107, Tel. (0 71 21) 34 62 37
www.woerner-dessous.de
● ÖPNV: Reutlingen Hauptbahnhof/Listplatz

Sport-BH
75 G

Natur pur am Stadtrand

22 Der Listhof, ein Paradies für Entdecker

Direkt am Stadtrand von Reutlingen kann man bei einem Spaziergang im Naturschutzgebiet Listhof die ungestörte Vielfalt und Schönheit der Natur erleben. Das 124 Hektar große Areal war jahrzehntelang militärisches Übungsgelände und blieb deshalb von intensiver Nutzung verschont. So entstand nach und nach ein einzigartiges Biotop. Das Gebiet ist reich an Vögeln, Wildbienen, Libellen, Schmetterlingen und Heuschrecken. Einige der Tierarten, wie Hirschkäfer, Gelbbauchunke, Eisvogel, Neuntöter und Rotmilan sind von überregionaler Bedeutung. Deshalb wurde das ehemalige Panzergelände im Jahr 2000 als Naturschutzgebiet ausgewiesen. Die faszinierende Flora und Fauna, die sich auf der Brachfläche entwickelt hat, war auch ein Grund für die UNESCO, im Jahr 2009 das Biosphärenreservat Schwäbische Alb anzuerkennen.

Mitten in dem Gebiet liegt das Umweltbildungszentrum Listhof – ein wahres Paradies für kleine und große Entdecker. Dort werden regelmäßig Führungen und Aktionen zu verschiedenen Naturthemen angeboten. Die faszinierende Welt der Insekten und anderer wirbelloser Tiere kann man im Krabbeltierhaus hautnah erleben. Außerhalb des Zentrums laden naturnah angelegte Lehrbiotope zum Erkunden ein. Man kann Wassertiere aus nächster Nähe beobachten oder auf dem Barfußpfad die unterschiedlichen Bodenbeschaffenheiten erkunden. Neben den Wildtieren gibt es auch zutrauliche Nutztiere – Hühner, Ziegen und Esel, die sich über Paten freuen.

TIPP

Auch Übernachtungen sind im Naturschutzgebiet möglich – im Zelt oder in einem Schäferwagen.

Das Naturschutzgebiet kann sowohl mit als auch ohne Führung besichtigt werden. Wer allein losziehen möchte, dem sei die Listhof-Tour in der Broschüre „Aussichtsreich" empfohlen, herausgegeben von der Stadtmarketing und Tourismus Reutlingen GmbH. Startpunkt der 7 Kilometer langen Rundtour ist das Umweltbildungszentrum Listhof. Der Weg führt durch verschiedene Lebensräume – Magerwiesen, Streuobstwiesen, Wälder, Tümpel und Bäche – und immer wieder beglückt eine besonders schöne Aussicht.

● Umweltbildungszentrum Listhof, Friedrich-List-Hof 1, 72770 Reutlingen, Tel. (0 71 21) 7 68 13 80, www.listhof-reutlingen.de
● ÖPNV: Haltestelle Roßwasen

Vom Keller ans Licht

23 Das Reutlinger Theater Die Tonne

Die verspiegelte Fassade erinnert an den Faltenwurf eines Theatervorhangs und macht neugierig. Was sich wohl dahinter verbirgt? Die Eröffnung des Tonne-Neubaus am Hang über der Stadthalle im Jahr 2018 war in mehrfacher Hinsicht ein Glücksfall. Zum einen fand das großformatige Majolika-Fries „Das Fest“ des Reutlinger Holzschneiders HAP Grieshaber im Foyer einen würdigen Platz – schließlich war der experimentierfreudige Künstler einer der Gründungsväter des Theaters. Zum anderen bekam das Tonne-Ensemble endlich eine Wirkungsstätte, in der es sich ganz entfalten kann.

Das Reutlinger Theater Die Tonne wurde Ende der 1950er-Jahre als Kellerkind gegründet. Zunächst wurde im Keller der Villa des Kunstliebhabers Anton Geiselhart Theater gespielt, 1980 zog die Tonne dann in das mittelalterliche Natursteingewölbe unter dem Spitalhof am Marktplatz um. Eine zeitweilige zweite Spielstätte in einer ehemaligen Fabrik war lediglich ein Provisorium.

Trotzdem nahm dort ein außergewöhnliches Projekt seinen Anfang: Seit 2005 betreibt die Tonne gelebte Inklusion und bringt vielbeachtete Stücke auf die Bühne. Mittlerweile gibt es pro Spielzeit für 12 bis 15 Mitglieder des inklusiven Ensembles sogar einen Arbeitsplatz – sie erhalten Schauspielunterricht und werden entsprechend ihrer individuellen Begabungen gefördert. Regelmäßig stehen Mitglieder des inklusiven Ensembles gemeinsam mit „klassisch“ ausgebildeten Schauspielerinnen und Schauspielern auf der Bühne. Die Zusammenarbeit mit den Menschen, die ganz unterschiedliche Handicaps haben, eröffnet neue Möglichkeiten. Zum Beispiel kann sich das Theater nun an größere Produktionen wagen. So konnten bereits mit großem Erfolg Brechts „Dreigroschenoper“ und Dürrenmatts „Besuch der alten Dame“ inszeniert werden.

Auch die kleine Spielstätte im Tonne-Keller mit 75 Plätzen wird weiter genutzt. Sie bietet ein besonderes Ambiente für Solostücke, Musikalisches und kammerspielartige Inszenierungen. Hier sind die Zuschauer ganz nah dran am Bühnengeschehen.

TIPP

Das Sommertheater open air hinter dem Spitalhof erleben - mit wechselnden Bühnenstandorten.

- Theater Reutlingen Die Tonne, Jahnstraße 6, 71762 Reutlingen, Tel. (0 71 21) 9 37 70, www.theater-reutlingen.de
- Tonnekeller im Spitalhof, Wilhelmstraße 71, 72764 Reutlingen, Tel. (0 71 21) 9 37 70
- ÖPNV: Haltestelle Stadthalle oder Reutlingen Hauptbahnhof

RT
Theater Reutlingen
Die Tonne
RT
Theater Reutlingen
Die Tonne
RT
Theater Reutlingen
Die Tonne

Wie der Storch im Salat

24 Im Kneippbecken der Reißenbachquelle

Ein Spaziergang durch das Reißenbachtal ist nicht nur wegen der schönen Landschaft lohnenswert, denn am Ende wartet eine kostenlose Erfrischung. Startpunkt der kleinen Wanderung ist die Nebelhöhlestraße in Lichtenstein-Unterhausen. Dort kann man am Straßenrand parken. Noch besser ist es freilich, den Ausflug mit dem Rad zu machen oder mit dem Bus anzureisen. Von der Nebelhöhlestraße geht es zunächst etwa 2 Kilometer über einen Feldweg durch die Streuobstwiesen, die hier die Landschaft prägen. Dann zweigt der Weg nach links in den Wald ab und führt steil bergan zur Nebelhöhle. Geradeaus führt ein Schotterweg zur Reißenbachquelle hinab, die am Ende des Tals zu Füßen der Nebelhöhle liegt.

Bei der Reißenbachquelle handelt es sich um eine Karstquelle. Karstquellen sind natürliche Stellen, an denen Regen- und Oberflächenwasser austritt, das sich zuvor in unterirdischen Höhlensystemen gesammelt hat. Die Reißenbachquelle drängt unterhalb einer freigelegten, urigen Wurzel eines knorrigen alten Baums ans Licht. Ihre Schüttung ist stark vom Niederschlag abhängig. An zwei Austrittstellen sprudelt das Wasser hervor und fließt in ein kleines Kneippbecken. Rasch die Schuhe und Socken ausgezogen und hineingestiegen. Doch Vorsicht: Das Wasser ist eiskalt.

TIPP
Im Internet ist im Tourenportal „Outdooraktive" die „Kleine Tour durchs Reißenbachtal" zu finden.

Eine Tafel informiert über die richtige Nutzung der Wassertretanlage. Die Anwendung sollte 1 Minute nicht überschreiten. Dabei sollte das Bein bei jedem Schritt so hoch angehoben werden, dass der Fuß aus dem Wasser herauskommt und beim Absenken die Wasseroberfläche „durchtreten" werden muss. Gehen wie der Storch im Salat. Das sieht lustig aus und ist gesund. Zusätzlich zum Kneippbecken gibt es ein Armbad, das ebenfalls zahlreiche Beschwerden lindern soll. Eine nahe Grillstelle lädt zum Picknick ein, bevor man denselben Weg zurückgeht. Eine schöne Alternative ist die etwas längere Rundwanderung durch das Reißenbachtal. Sie startet am alten Friedhof, wo es auch Parkplätze gibt.

- Reißenbachtal, Lichtenstein/Unterhausen, 72805 Lichtenstein
- ÖPNV: Haltestelle Unterhausen Bahnhofstraße

Mehr Kult geht nicht

25 Karaoke mit Kohla in der Kaiserhalle

Wenn man Wolfgang Kohla fragt, seit wann es die Kaiserhalle gibt, antwortet er wie aus der Pistole geschossen: „Seit dem 8. Oktober 1977." Damals startete er seine Karriere als Kneipier – und hat es nie bereut. Im Jahr 2017 gab der 70-Jährige seine Kneipe in jüngere Hände – seine beiden Nachfolger haben als Jobber angefangen und führen den „Kaiser" oder „s' Kohla", wie es bei Stammgästen heißt, nun in seinem Sinne weiter. Die Kaiserhalle ist Kultkneipe mit „Live-Mukke" und DJ-Partys für Best Agers – für Nachtschwärmer und Feierwillige jeden Alters, für Fußballfans und Menschen, die gerne selbst zum Mikro greifen. Und hier kommt Wolfgang Kohla wieder ins Spiel.

Vor über 20 Jahren führte er einen Karaokeabend ein – mit durchschlagendem Erfolg. Zunächst improvisiert mit zwei Fernsehern und DVDs, mittlerweile kann man aus über 50.000 Songtiteln wählen. Den beliebten Karaokeabend moderiert der Kultwirt immer noch selbst. Mittwochs ab 20.30 Uhr wird in der Kaiserhalle gesungen und getanzt, was das Zeug hält.

„Für mich ist das die Nabelschnur zu meinem Baby", sagt Kohla und schiebt sich das Basecap mit dem legendären Totenkopf-Kaiserhallen-Logo in die Stirn, während drei Besucher den Song „Skandal um Rosi" anstimmen. Die meisten Gäste kennt er mit Namen. Karaoke sei halt Kult und einfach universell, meint Kohla zufrieden: „Wir alle sind Teil der Karaoke-Family."

Da ist beispielsweise Franzi, die als 17-Jährige angefangen hat, und 20 Jahre später mit ihrer tollen Stimme immer noch für Stimmung sorgt. Oder der 76-jährige Erich, „der kann ohne Karaoke gar nicht sein". Manche seiner Gäste, erinnert sich Kohla, seien über Karaoke sogar zu einer Gesangskarriere gekommen. Derweil singt einer schmachtend „Ich will wieder an die Nordsee", der nächste hat „Flugzeuge im Bauch" – und alle werden reichlich beklatscht. Ganz spät am Abend greift Kohla als Letzter zum Mikro und stimmt „Die kleine Kneipe in der Kaiserstraße" an. Mehr Kult geht nicht.

TIPP

Jeden letzten Samstag im Monat steigt die Best Ager Party mit DJ Freddy B.

● Kaiserhalle, Kaiserstraße 58, 72764 Reutlingen, Tel. (0 71 21) 32 97 47
www.kaiserhalle.com
● ÖPNV: Haltestelle Planie

Im Sauseschritt durchs All

26 Der Planetenweg bei Gomadingen

Einmal mit Siebenmeilenstiefeln durchs All reisen. Diesen Traum kann man sich ganz bequem im reizvollen Großen Lautertal erfüllen. Dort hat die Gemeinde Gomadingen einen Wanderweg eingerichtet, auf dem maßstabsgerechte Modelle das Sonnensystem darstellen: 12 Stationen mit Modellen und Schautafeln beschreiben die kosmische Umgebung der Erde. Im Maßstab 1:1 Milliarden erhält der Wanderer eine Vorstellung über Größe und Abstände der Himmelskörper. Jeder Schritt, den man hier macht, reicht etwa 15-mal um die Erde.

Auf 9,5 Kilometern werden die unvorstellbaren Dimensionen des Alls erlebbar. Der Ausgangspunkt des astronomischen Lehrpfads ist sowohl über den Fußweg, der sich hinter dem Sportplatz Gomadingen den Hang hinaufzieht, als auch in wenigen Minuten vom Sternbergturm zu erreichen. Der Weg, der durch die landschaftlich reizvollen Wacholderheiden führt, beginnt bei der 1,4 Meter großen Modellsonne am Fuß des Sternbergs. Goldfarben und weithin sichtbar leuchtet dieser Himmelskörper – ein beliebtes Fotomotiv. Rasch folgen in maßstabsgetreuer Entfernung Merkur, Venus, Erde und Mars. Bei dem Spaziergang sollte man den Blick immer wieder auch auf den Boden richten, wo man seltene Pflanzen, wie beispielsweise die Silberdistel, entdecken kann.

Jupiter steht vor dem Gomadinger Rathaus. Weiter geht die Reise zum Saturn, der am Lautertalradweg in Höhe des Parkplatzes Bermannstal steht. Von dort führt der Weg nach Marbach, wo sich Uranus hinter der Gestütsgaststätte befindet. Vom breiten Forstweg zweigt nun ein schmaler Pfad ab und führt den Schelmenbühl hinauf. Zwischen Uranus und Neptun liegt die längste Teilstrecke, bevor man bei der Hanfsamenbuche auf Gemarkung Dapfen den Planeten Neptun erreicht. Die Entdeckungsreise durch das Universum endet an einem schön gelegenen Punkt über dem Lautertal hinter Wasserstetten. Hier steht der kleine Pluto, dem vor einiger Zeit der Planetenstatus aberkannt wurde und der seither sein Dasein als Zwergplanet fristet.

TIPP

Am Sternbergturm gibt es ein Wanderheim des Schwäbischen Albvereins (Anmeldung unter Tel. 0 73 85/ 17 90).

● Gomadinger Planetenweg, 72532 Gomadingen

Die Sonne
unser Stern
Die Planetenreise
Merkur, Venus, Erde, Mars, Jupiter, Saturn, Uranus und Neptun
Man verachte einen Menschen in seinem Unglück nie.
Der Planetenweg mit 11 Stationen ist ein Geschenk der Gemeinde Gomadingen an ihre Besucher. Die etwa 9 km lange Strecke bietet die Möglichkeit, im Maßstab von 1:1 Milliarde die Durchmesser der Planeten und ihre Entfernungen zu erfahren: Acht Kugeln von Sandkorn- bis Handballgröße verteilen sich in einem Raum von mehreren Kilometern Durchmesser! Ein Meter Wanderstrecke entspricht im Modell einer Million Kilometer im Weltraum.

Glück aus der Sterneküche

27 Im Romantik Hotel Hirsch in Erpfingen

„Genuss und Gesundheit sind die Bausteine für ein glückliches Leben", sagt Gerd Windhösel, Küchenchef aus Leidenschaft. In seinem Romantik Hotel Hirsch in Erpfingen, das er gemeinsam mit seiner Frau Silke führt, produziert er tagtäglich Glücksbausteine für seine Gäste. Qualität steht für ihn an erster Stelle, dicht gefolgt von Regionalität und Nachhaltigkeit, gerne in Verbindung mit Bio. Wobei er findet, dass ein Reh, das sein Leben in der freien Natur verbracht hat, durchaus die Bezeichnung „Bio" verdient hätte.

Dieses Konzept überzeugte auch die Tester des Guide MICHELIN: Seit 1994 besitzt sein Gourmetrestaurant im Hotel Hirsch einen Stern – ohne Unterbrechung. „Der Feinschmecker" verlieh ihm das Prädikat „Beste Regionalküche in Baden-Württemberg". Eine Anerkennung seiner Philosophie, denn Windhösel setzte auf Regionalität, lange bevor dies zum Trend wurde.

TIPP

Da auch die Weinkarte äußerst verführerisch ist, empfiehlt es sich, gleich eine Übernachtung mitzubuchen.

Der Sternekoch kann auf ein Netzwerk aus regionalen Lieferanten zurückgreifen. Wenn er ein Wagyu-Rind schlachten lässt, versucht er, möglichst das ganze Tier zu verwerten. Das ist nur möglich, weil er in seinem Romantik Hotel neben dem Gourmetrestaurant auch noch die Dorfstube betreibt, ein rustikal eingerichtetes, kleines Restaurant, das an eine urige Skihütte erinnert. Während die edlen Teile eines Rinds oder Wildbrets in einem der exquisiten Menüs des Sternelokals glänzen, wandern Schulter und Hals in ein feines Ragout oder Schmorgericht für die Dorfstube.

Auch Vegetarier macht Windhösel glücklich. Er schwärmt von dem Gemüse, das auf der wasserarmen Alb angebaut wurde und darum umso schmackhafter sei. Als Gruß aus der Küche gibt es Brot mit Leindotteröl statt des üblichen Olivenöls und häufig findet man auf der saisonal geprägten Speisekarte alte Gemüse- und Getreidearten wie Haferwurzel und Urkarotte oder Einkorn und Dinkel. Trotz einer gewissen Etikette soll sich der Gast ungezwungen wohlfühlen. Und probieren beim Nachbarn ist ausdrücklich erlaubt.

● Romantik Hotel | Restaurant Hirsch, Im Dorf 12, 72820 Sonnenbühl-Erpfingen, Tel. (0 71 28) 9 29 10, www.romantikhotel-hirsch.de
● ÖPNV: Haltestelle Erpfingen Marktplatz

Gerd Windhösel

Gut Brand!

28 Besuch bei der Münzdorfer Köhlerfamilie

Manchmal hat Handwerk keinen goldenen Boden, sondern kommt tiefschwarz daher. Und bringt trotzdem Glück. In einer Lichtung im Reisachwald bei Münzdorf/Hayingen steht der Kohlemeiler der Familie Geiselhart. Begründet wurde die Tradition 1836 von Konrad Rommel. Als Köhler im Haupterwerb verdiente er mit der Kohlegewinnung sein Geld. Seine Nachfahren sorgen dafür, dass das alte Handwerk nicht ausstirbt.

Seit einigen Jahren liegt die Pflege des Köhlerhandwerks, das mittlerweile als Immaterielles Kulturerbe der UNESCO anerkannt ist, in sechster Generation in den Händen von Max Geiselhart. An Pfingsten und in den Sommerferien schichtet der gelernte Zimmermann mit Freunden und Verwandten gespaltenes Buch- und Eschenholz kunstvoll zu einem großen Kegel auf. Die rauchenden Meiler auf der Köhlerplatte sind eine Attraktion: Interessierte Besucher kommen von weither. Geduldig erklärt der Köhler, den man traditionell mit „Gut Brand!“ begrüßt, seine Arbeit. Der Meiler muss mit einer Mischung aus Kohlenstaub, Kohlenbrocken und Humus abgedeckt und immer feucht gehalten werden.

Nachdem der Meiler entzündet wurde, dauert es 10 Tage, bis die Kohle geerntet werden kann. In diesen 10 Tagen bleibt Geiselhart rund um die Uhr vor Ort. Er schläft in einer offenen Holzhütte – mit Blick auf den schwarzen Hügel. Alle 2 Stunden schaut er, ob alles in Ordnung ist, denn im Innern des Meilers darf es nur schwelen, nie brennen. Solange weißer oder hellblauer Dampf austritt, läuft alles nach Plan. Dringt aber dunkler Rauch aus dem Meiler, sieht der Köhler rot, denn dann ist die Sauerstoffzufuhr zu hoch: Die Holzkohle verbrennt. Rasch müssen die Öffnungen, die sogenannten Pfeifen, verschlossen werden.

Nach 10 Tagen ist der Meiler durchgeglüht und wird auseinandergezogen. Wenn die Kohle abgekühlt ist, wird sie verpackt und an Grillfreunde verkauft. Die Familie Geiselhart bereitet auf ihrer Holzkohle Göckele mit einer besonderen Würzmischung zu.

● Köhlerei Geiselhart, Lautertalstraße 37/1, 72534 Hayingen-Münzdorf, Tel. (01 52) 09 16 96 05

Hier staunt die Maus

29 Im Industriemagazin dampfen alte Maschinen

Es dampft und rattert, der Geruch von Maschinenöl schwängert die Luft. An jedem zweiten Samstag im Monat wird in den Shedhallen der ehemaligen Metalltuchfabrik Christian Wandel Reutlinger Industriegeschichte lebendig. Dann ist das Industriemagazin geöffnet und es gibt in der authentischen Fabrikatmosphäre Schauvorführungen. Ehrenamtliche Mitarbeiter bedienen und erklären die alten Maschinen. In vielen Arbeitsstunden haben sie sie restauriert und halten sie nun liebevoll in Schuss.

Rund zwei Dutzend teils riesige Ungetüme erinnern an die Zeit, als Reutlingen noch eine florierende Textil- und Maschinenbauindustrie hatte. Webstühle und Strickmaschinen, aber auch Säulenbohrmaschinen, Drehbänke und eine Drahtflechtmaschine sind dort zu sehen. Interessiert verfolgen die Besucher, wie nach und nach ein Maschendrahtzaun gefertigt wird. Eine der ältesten Maschinen, die im Industriemagazin ausgestellt sind, ist die Dampfmaschine der Firma Kohllöffel aus dem Jahr 1886, die bis in die 1960er-Jahre in Kohlstetten auf der Schwäbischen Alb ein Sägewerk am Laufen hielt. „Viele der Maschinen wurden einst mit Dampf betrieben", erzählt Marisse Hartmut, die wissenschaftliche Mitarbeiterin, die die Ausstellung konzipiert hat. Einer der Ehrenamtlichen hat einen kleinen Nachbau der Dampfmaschine gefertigt. Jetzt steht das Modell neben dem Original und dampft mit ihm um die Wette.

TIPP

Auf der Website des Industriemagazins kann man sich Videos von den Maschinenvorführungen ansehen.

Ein weiteres Prunkstück im Industriemagazin ist die seltene Dreikrempelsatzmaschine – 18 Tonnen schwer, 18 Meter lang und voll funktionsfähig. Sie verarbeitete Wolle oder Baumwolle zu Vorgarn, das dann weiter versponnen wurde. Jahrzehntelang hat der Maschinen-Oldtimer am Reutlinger Technikum und später an der Hochschule Studierende ausgebildet. Das Museumskonzept überzeugte sogar die Macher der „Sendung mit der Maus", die einmal jährlich beim Maus-Türöffner-Tag unterschiedlichste Einrichtungen besuchen und dort filmen. Die Maus war im Industriemagazin – und hat gestaunt.

● Industriemagazin, Eberhardstraße 14, 72764 Reutlingen, Tel. (0 71 21) 3 03 28 67
www.reutlingen.de/historischemuseen/industriemagazin
● ÖPNV: Reutlingen Hauptbahnhof

113

Die blauen Augen der Alb

30 Gönninger Seenlandschaft im oberen Wiesaztal

Ob als kleines Rinnsal oder breiter Fluss, als Tümpel oder großer Teich – Wasser fasziniert. Weil Gewässer in der Umgebung von Reutlingen rar sind, haben die Gönninger Seen am Albtrauf einen besonders hohen Freizeitwert. Wer die paradiesisch anmutende Seenlandschaft im oberen Wiesaztal besucht, mag kaum glauben, dass sie komplett künstlich angelegt wurde.

Bei dem Naherholungsgebiet handelt es sich um einen riesigen ehemaligen Steinbruch. Bis 1975 wurde hier Tuffstein abgebaut. Nicht nur viele Gönninger Gebäude – unter anderem das Rathaus – wurden einst aus dem wertvollen Material erbaut: Gönninger Tuffstein war ein landesweit begehrter Baustoff, der sogar beim Bau des Berliner Olympiastadions verwendet wurde. Als der Steinbruch aufgegeben wurde, kaufte die Stadt Reutlingen das Gelände. Innerhalb von 3 Jahren wurde es in ein Erholungsgebiet umgestaltet.

TIPP
Der 5 Kilometer lange Kalktuff-Lehrpfad führt vom Gönninger Rathaus zu den Gönninger Seen.

Federführend für diese Mammutaufgabe war der Gönninger Förster Werner Funkler. Das seltene Wasser sollte bei der Rekultivierung eine wichtige Rolle spielen. Nach und nach wurden, gespeist aus mehreren Quellen, drei Seen und ein künstlicher Wasserfall angelegt. Der vordere große See bekam eine Liegewiese für die Sonnenanbeter, die kleineren Seen dienen als Rückzugsort für Tiere und Pflanzen. Mehrere Wanderwege führen durch das wildromantische Gelände, in dem noch Reste des Steinbruchs zu finden sind. Ein imposanter Felsen wird wegen seines Aussehens Karl-May-Felsen genannt. Tatsächlich kann man sich lebhaft vorstellen, wie dort Winnetou auf seinem Rappen den Blick in die Ferne schweifen lässt.

Auch wenn viele Gäste dem kühlen Nass nicht widerstehen können, sind die Gönninger Seen doch nicht als Badegewässer ausgewiesen. Zwar wird das Baden nicht sanktioniert, es gibt aber keinen Bademeister und keine Toiletten. Werner Funkler hat die Gönninger Seen einmal „die blauen Augen“ der Schwäbischen Alb genannt. In diese blauen Augen mag man gerne schauen.

- Wandergebiet Gönninger Seen, Lichtensteinstraße 150, 72770 Gönningen
www.goenningen.info
- ÖPNV: Haltestelle Lichtensteinstraße

Schöne Aussichten

31 Wandern und genießen auf dem Hofgut Alteburg

Ein Riese ist der Berg nicht, aber immerhin 593 Meter hoch, und wer den hölzernen Aussichtsturm auf dem „Käpfle“ besteigt, wird mit einem fantastischen Panoramablick belohnt. Einst stand auf dem Käpfle die Burg der Herren von Stöffel, ihres Zeichens Raubritter. Doch von der Burganlage ist nichts mehr erhalten, lediglich einige Sagen und Erzählungen sowie der Name in einem alten Kaufbrief: „Altenburk“. Seit 1438 besitzt die Stadt Reutlingen das unterhalb des Käpfles gelegene Hofgut. Das Hofgut ist ein 100 Hektar großer, landwirtschaftlicher Betrieb mit Direktvermarktung und biologisch-organischer Wirtschaftsweise.

Zur Hofstelle gehört auch die Gutsgaststätte Alteburg, die von der Familie Seywald betrieben wird. Saisonale und regionale Produkte bestimmen die Speisekarte der Biosphärengastgeber. Eine Spezialität des Hauses ist Wild aus heimischen Wäldern. Elke und Daniel Seywald sind beide Jäger. Das Wild, das sie servieren, haben sie oft selbst erlegt. Seit Kurzem ist der Koch Daniel Seywald auch Wildsommelier – einer der ersten im Ländle.

Doch bevor man in der Alteburg einkehrt, sollte man sich bei einer Wanderung den nötigen Appetit holen. Dafür empfiehlt sich die Route „Hoch zum Käpfle“ aus der Broschüre „Aussichtsreich“ der Stadt Reutlingen: Vom Käpfle geht es in Richtung Bronnweiler, vorbei am Naturdenkmal der majestätischen Friedenslinde, die 1871 nach dem Deutsch-Französischen Krieg gepflanzt wurde und mit ihrem dichten Blätterdach Schatten spendet. Ein weiteres Naturdenkmal steht am alten Friedhof in Bronnweiler: ein 39 Meter hoher Mammutbaum, der zur Adventszeit mit Tausenden Lichtern glitzert. Schließlich führt der Weg aus der Gemeinde heraus durch Wiesen und Felder und über einen kleinen Bachlauf. Durch das lauschige Breitenbachtal geht es dann zurück zum Hofgut Alteburg. Wer es lieber kürzer mag, kann auch an der L383 entlang direkt zur Gutsgaststätte Alteburg laufen. Die Wanderung verkürzt sich dann um etwa die Hälfte auf 6 Kilometer.

- Hofgut Alteburg, Hofgut Alteburg 1, 72770 Reutlingen, Tel. (0 71 21) 2 21 40
- Gutsgaststätte Alteburg, Hofgut Alteburg 1, Tel. (0 71 21) 8 20 12 93
  www.alteburg.de
- ÖPNV: Haltestelle Hofgut Alteburg oder Haltestelle Käpfle

Wie im Märchen

32 Schloss Lichtenstein am Albtrauf

Ein Schloss, das wegen eines Romans gebaut wurde. So etwas gibt es tatsächlich. Am Albtrauf hoch über dem Ort Honau erhebt sich stolz Schloss Lichtenstein: ein im neugotischen Stil erbautes, romantisches Märchenschloss, das alljährlich Tausende Besucher anzieht. Verzaubert, von einer Dornenhecke überwuchert, wurde Schloss Lichtenstein sogar schon zum Schauplatz eines Dornröschenfilms.

1826 veröffentlichte der Schriftsteller Wilhelm Hauff seine romantische Sage „Lichtenstein“, eine packende Ritter- und Liebesgeschichte, die im 16. Jahrhundert spielt. Der Roman hatte großen Erfolg. Wilhelm Graf von Württemberg, der spätere Herzog von Urach, war von dem historischen Stoff so angetan, dass er Burg Lichtenstein von 1840–1842 nach dem literarischen Vorbild errichten ließ. Über dem Echaztal – auf den Grundmauern einer spätmittelalterlichen Burg mit einem weithin sichtbaren imposanten Turm – verwirklichte der Bauherr seinen Traum vom Mittelalter.

TIPP

Besuchenswert sind das Hauff-Denkmal ganz in der Nähe des Schlosses und das Wilhelm-Hauff-Museum in Honau.

Heute kümmert sich der Urenkel des Erbauers, Wilhelm Albert Herzog von Urach, gemeinsam mit einer Fördergemeinschaft um die Schlossanlage. Auch die Besucherinnen und Besucher tragen mit ihrem Eintritt zum Erhalt des romantischen Schlösschens bei. Bei einer 30-minütigen Führung lernen sie das Erdgeschoss und das 1. Obergeschoss kennen. Sie bekommen unter anderem Einblick in die gut bestückte Waffenhalle, in die Schlosskapelle mit ihren wertvollen Glasmalereien und in die Trinkstube. Im ersten Obergeschoss betreten sie das reich bemalte Königszimmer und den größten Raum, den Rittersaal, in dem nie ein Ritter saß. Zum Abschluss kommen die Gäste dann an dem wohl berühmtesten Gemälde vorbei, das auf Schloss Lichtenstein hängt: dem „Schützen vom Lichtenstein“. Aus welcher Richtung man den Armbrustschützen auch anschaut – er scheint sich mitzudrehen und zielt immer auf den Betrachter. Geschossen hat er aber noch nie. Zum Glück.

● Schloss Lichtenstein 1, 72805 Lichtenstein, Tel. (0 71 29) 41 02
www.schloss-lichtenstein.de

Die Wunder der Erde

33 Staunen im Naturkundemuseum

Winterzeit ist Museumszeit. Das gilt besonders für das Reutlinger Naturkundemuseum, das immer, wenn es draußen grau und düster wird, einen wahren Besucheransturm erlebt. Doch das liegt nicht nur an der didaktisch hervorragend aufbereiteten Dauerausstellung, sondern vor allem an einer Sonderschau, die im Winter Farbe in das mittelalterliche Fachwerkgebäude bringt. Von Mitte November bis Anfang Februar sind dort spektakuläre Naturfotos zu sehen: die Siegerbilder des „Wildlife Photographer of the Year". Der renommierteste Wettbewerb für Naturfotografie wird jährlich vom Natural History Museum London in 21 Kategorien ausgeschrieben. Die 100 besten Fotos des Wettbewerbs touren danach durch die Museen auf der ganzen Welt. Museumsleiterin Barbara Karwatzki gelang es im Jahr 2005, die Ausstellung, die nur in wenigen Häusern in Deutschland gezeigt wird, nach Reutlingen zu holen. Die Resonanz war so überwältigend, dass die „Wildlife"-Sieger seither einen festen Platz im Programm der Sonderausstellungen haben.

Die Wurzeln des Naturkundemuseums reichen bis ins Jahr 1884 zurück, als in Reutlingen der Naturwissenschaftliche Verein gegründet wurde, der dann den Grundstein für die umfangreiche Sammlung legte. Auf vier Etagen des modern restaurierten Fachwerkhauses ist die Dauerausstellung untergebracht. Interaktive Stationen laden zum „Begreifen" ein. Zu entdecken gibt es hier die Naturgeschichte der Erde und der Region – Gesteine und Minerale, die den Planeten formen, Tiere und Pflanzen, die ihn bewohnen. Besonders sehenswert: ein 5 Meter langes, versteinertes Meereskrokodil aus dem Reutlinger Untergrund.

Die beiden oberen Stockwerke sind den Sonderausstellungen vorbehalten. Regelmäßig präsentieren dort berühmte Naturfotografen ihre faszinierenden Werke. Ohne in die weite Welt zu reisen, können große und kleine Besucher dann die Wunder der Erde bestaunen. Und das zum Glück ganz umsonst, denn das Naturkundemuseum kostet keinen Eintritt.

TIPP

Die benachbarte Marienkirche ist ein sehenswertes Meisterwerk gotischer Baukunst.

● Naturkundemuseum Reutlingen, Am Weibermarkt 4, 72764 Reutlingen, Tel. (0 71 21) 30 32 02, www.reutlingen.de/naturkundemuseum
● ÖPNV: Reutlingen Hauptbahnhof

Universum. Nach und nach verdichtete sich
Urmaterie zu Sternen und Sternensystemen.
Die Milchstraße, unser Sternensystem, besteht
aus rund 400 Milliarden Sternen. Einer davon ist
die Sonne. Sie ist der Mittelpunkt unseres
Sonnensystems, um den sich die Erde und die
anderen Planeten bewegen.
Das Alter der Erde wird auf 4,6 Milliarden Jahre
geschätzt. Die ältesten Spuren des Lebens sind
etwa 4 Milliarden Jahre alt. Aus diesen einfachsten
Lebensformen entwickelte sich im Laufe der Zeit
eine riesige Artenvielfalt.
Boten der Frühzeit
Meteoriten sind Reste der Materie,
aus der sich unser Sonnensystem
vor 4,6 Milliarden Jahren formte.
Meteoriten.
Reconnect
Bitte das
Erdschnittmodell
nicht betreten!

Gemüse als Star

34 Besuch bei den Tress-Brüdern in Ehestetten

Die Tress-Familie vereint eine Leidenschaft: Kochen auf höchstem Niveau mit biologisch angebauten Produkten aus der Region. Als Johannes Tress 1950 seinen Bauernhof in Hayingen-Ehestetten auf biologisch-dynamischen Anbau umstellte, legte er den Grundstein für eine beispiellose Familiendynastie. Heute betreiben seine Enkel, die vier Tress-Brüder Daniel, Simon, Dominik und Christian, mit tatkräftiger Unterstützung ihrer Mutter Inge an fünf Standorten auf der Schwäbischen Alb vier Bio-Restaurants, ein Bio-Hotel und zwei Event-Locations.

Stammhaus des Unternehmens ist das Bio-Restaurant Rose in Ehestetten. Bei der Tress-Familie ist das Gemüse der Star. Alle Hauptgänge sind vegetarisch oder vegan. Im Herbst trifft beispielsweise Buchweizen auf Pilze, Kürbis auf Kartoffel oder Dinkel auf Fenchel. Auf Wunsch wird aber Fleisch als Beilage serviert – natürlich in Bio-Qualität. Wenn man sich bewusst für Fleisch entscheidet, so die Philosophie, soll es nachvollziehbar und ganzheitlich sein. Deshalb wird, wenn möglich, das ganze Tier verarbeitet – *from nose to tale* – von der Nasenspitze bis zum Schwanz.

Das Bio-Hotel Rose in unmittelbarer Nähe des Bio-Restaurants war das erste zertifizierte Bio-Hotel Baden-Württembergs. Beim Bau und der Einrichtung des Hauses stand Nachhaltigkeit an erster Stelle. Unter anderem gibt es vier Themenzimmer, deren Interieur von der Familiengeschichte inspiriert wurde.

Das jüngste kulinarische Projekt der Tress-Brüder ist das Bio-Fine-Dining-Restaurant 1950. Alle Zutaten bis auf das Salz stammen aus einem Radius von 25 Kilometern und sind bio-zertifiziert. Es gibt nur fünf Tische. Der Gastraum, den Chef Simon Tress gerne als sein „Wohnzimmer“ bezeichnet, ist zur Küche hin offen. Man kann beim Kochen zuschauen und erfährt alles über die Herkunft der Produkte. Das Konzept überzeugt: Das Bio-Fine-Dining-Restaurant 1950 wurde 2024 mit einem MICHELIN-Stern sowie mit dem MICHELIN-Nachhaltigkeitssymbol ausgezeichnet.

TIPP

Jeder Übernachtungsgast erhält die AlbCard und kann kostenlos zahlreiche Attraktionen auf der Alb besuchen.

● Bio-Restaurant Rose, Bio-Hotel Rose, Bio-Fine-Dining-Restaurant 1950, Aichelauerstraße 6, 72534 Hayingen-Ehestetten, Tel. (0 73 83) 9 49 80, www.tressbrueder.de

ROSE
Simon Tress

Da ist Musik drin

35 Stadthalle Reutlingen mit feiner Akustik

Mitten in einem kleinen Park schuf der Schweizer Stararchitekt Max Dudler 2013 ein markantes Bauwerk. Es erinnert an einen griechischen Tempel und war zunächst nicht unumstritten. Mittlerweile erkannten selbst die größten Kritiker, dass es Dudler in Reutlingen gelungen ist, einen Konzertsaal mit hervorragender Akustik nach dem Vorbild des berühmten Wiener Musikvereinssaals zu schaffen.

Die Stadthalle ist streng gegliedert: Über die unteren Stockwerke erstreckt sich der Große Saal, der bis zu 2200 Gäste fasst. Wie schon bei den alten Griechen schließt eine Krone das Bauwerk ab. Hier liegt der Kleine Saal mit bis zu 400 Plätzen, ein würdiger Rahmen für Kammermusik und musikalisch-literarische Veranstaltungen. Eine umlaufende Terrasse mit Glasbalustrade rundet das Ensemble ab, das schon mehrere Architekturpreise gewonnen hat.

Der flexibel nutzbare Große Saal, dessen Innenwände aus edlem Kirschholz sind, ist das Herzstück der Halle. Er kann eben oder ansteigend bestuhlt werden und eignet sich ebenso für klassische Konzerte wie für einen festlichen Ball, eine Messe oder eine große Tagung. Von der feinen Akustik profitiert vor allem die Württembergische Philharmonie Reutlingen, ein Orchester, das hier regelmäßig vielbeachtete Konzerte gibt. Doch nicht nur Klassikfreunde sind begeistert – hier darf auch gerockt und getanzt werden.

TIPP

Im benachbarten Gustav-Werner-Forum erfährt man die spannende Geschichte des ehemaligen Industriestandorts.

Die Fassade des Gebäudes durchbrechen schmale Längsfenster, die unterschiedlich beleuchtet werden können. In der Adventszeit beispielsweise gehen auf der grünen Fassade nach und nach vier Kerzen an. Die Stadthalle bekennt aber auch bewusst Farbe und erstrahlt anlässlich der Internationalen Wochen gegen Rassismus in Regenbogenfarben, am Weltmädchentag läuft sie pink an und zum Internationalen Tag gegen Gewalt an Frauen wird sie orange illuminiert.

Auf der Terrasse hat man einen wunderbaren Blick über die Stadt. Mit einem Gläschen Sekt diese Aussicht zu genießen, bereitet auch in den Pausen Glücksmomente.

- Stadthalle Reutlingen, Manfred-Oechsle-Platz 1, 72762 Reutlingen, Tel. (0 71 21) 3 35 51 25, www.stadthalle-reutlingen.de
- ÖPNV: Haltestelle Stadthalle oder Reutlingen Hauptbahnhof

Hochgekämpft

36 Aufstieg und Einkehr auf dem Roßberg

Das Streben nach Glück ist etwas Erhabenes. Ein Gefühl, das sich beispielsweise auf einem Berggipfel einstellt. In Reutlingen eignet sich dafür besonders der Roßberg, denn der ist mit 869 Metern die höchste Erhebung der Stadt. Weitere 28 Meter kommen hinzu, wenn man den imposanten Aussichtsturm besteigt oder dort sogar in einem der Gästezimmer übernachtet. Bei guter Sicht ist in der Ferne ein Stück der Alpenkette zu sehen und in einer klaren Nacht beeindruckt das Lichtermeer der im Tal liegenden Städte.

Turm und Wanderheim wurden 1913 zum 25-jährigen Jubiläum des Schwäbischen Albvereins auf der damals noch ziemlich waldfreien Kuppe des Roßbergs errichtet. Seit 2021 betreiben die beiden Reutlinger Gastronomen Sebastian Keinath und Richard Lottholz das frisch sanierte Wanderheim. Die beiden setzen auf pfiffige regionale Küche mit Produkten aus dem Biosphärenreservat; auch vegane und vegetarische Wünsche werden erfüllt. Genießen lässt es sich bei bester Aussicht: Der Blick vom Gastraum auf den Albtrauf gleicht einem Landschaftsgemälde. Ein großer Biergarten vor dem Roßberghaus lädt in den Sommermonaten zum Verweilen ein, man kann dort das mitgebrachte Vesper verzehren oder im Hüttenmobil Getränke und Speisen holen.

TIPP

Auf der Website des Wanderheims stehen weitere Wanderrouten, die alle zum Roßberg führen.

„Hochgehkämpft" heißt der 5 Kilometer lange Premiumspazierwanderweg, der Wanderbegeisterte in einem Rundweg von Gönningen auf den Roßberg führt. Der Ausgangspunkt ist der Wanderparkplatz Schützenhaus in Gönningen. Durch einen Buchenwald geht es stetig nach oben auf die Roßberger Wiesen und dann weiter auf den Berg. Bei dieser Wanderung ist der Name Programm. Wegen der teils schmalen Pfade und steilen Passagen ist der Weg allerdings nur für etwas geübtere Geher geeignet, auch sollte man gutes Schuhwerk tragen. Wer den Anstieg nicht vom Tal aus machen möchte, kann mit dem Auto von Genkingen aus zum Roßfeld fahren und dort am Fuß des Roßbergs parken. Der Spaziergang bis zum Wanderheim auf der Bergspitze dauert eine knappe halbe Stunde.

● Wanderheim Roßberg, 72770 Reutlingen, Tel. (0 71 21) 70 07
www.wanderheim-rossberg.de

Auf dem Rasen ins Glück

37

Das Kreuzeiche-Stadion

Für manche Menschen liegt das Glück nicht auf dem Rücken der Pferde, sie finden es beim Spiel auf dem grünen Rasen, und wieder andere empfinden Glücksgefühle, wenn sie voller Emotionen als Zuschauer vom Spielfeldrand ihre Mannschaft anfeuern. In Reutlingen ist das Kreuzeiche-Stadion für Ballsportfreunde die erste Adresse.

Ein wenig sieht es aus, als würde es schweben: Das geschwungene Dach der Tribüne und die markanten Flutlichtmasten am Fuß der Alb sind weithin sichtbar und bieten auch bei Nacht einen eindrucksvollen Anblick. Das Stadion wurde 1953 am südlichen Rand der Stadt erbaut und liegt mitten in dem großangelegten Sport- und Freizeitpark Markwasen. Es bietet Platz für 15.000 Zuschauerinnen und Zuschauer. Um das Stadion gruppieren sich mehrere Trainingsplätze. Die Haupttribüne mit 5200 Sitzplätzen wurde 2003 fertig, zu einer Zeit, als der SSV Reutlingen 05 seinen Anhängern noch große Glücksgefühle bescherte, denn er spielte in der zweiten Bundesliga. Mittlerweile ist die Fußballmannschaft in die Oberliga abgerutscht, doch die echten Fans hält das nicht vom regelmäßigen Gang ins Stadion ab. Und in der Nachwuchsförderung gehört der Verein nach wie vor zur Spitze. Die Jugendmannschaften spielen regelmäßig in den höchsten Ligen.

Doch nicht nur Fußballer haben ihre Heimat an der Kreuzeiche. Als erster Verein in Reutlingen gründete der SSV 05 im Jahr 2013 eine American-Football-Abteilung: die SSV Reutlingen Eagles. Seit der Saison 2023 tragen die Eagles ihre Heimspiele im Stadion an der Kreuzeiche aus. Die Formkurve der Adler, die derzeit in der Regionalliga spielen, zeigt steil nach oben; schon einmal haben sie nur knapp den Aufstieg verpasst. Seit Kurzem gibt es auch Damenfootball: Die Eagles Ladies sind bereit zum Abheben. Die überdachte Tribüne im Kreuzeiche-Stadion spendet übrigens nicht nur Schatten und Schutz bei Regen – sie ist gleichzeitig eine der größten Fotovoltaikanlagen dieser Art in Baden-Württemberg.

TIPP

Das Becks Restaurant am Sportpark serviert schwäbische Küche und hat einen großen Biergarten.

● Kreuzeiche-Stadion, An der Kreuzeiche 4, 72762 Reutlingen, Tel. (0 71 21) 30 30 23 58, www.ssv-reutlingen-fussball.de

Was der Salat begehrt

38 Alb-Ölmühle und Essigmanufaktur im Albgut

Im Albgut, einem alten Militärlager in Auingen bei Münsingen, sind nach und nach zahlreiche gläserne Manufakturen eingezogen, in denen man bei der Produktion dabei sein darf. Beispielsweise in der Alb-Ölmühle. Berthold Fischer hat die Gläserne Manufaktur mit seiner Familie in dem ehemaligen Mannschaftsgebäude BT22 gegründet und dort eine alte Zylinderpresse zu neuem Leben erweckt. Mit bis zu 14 Kilogramm wird die Stempelpresse befüllt, dann geht es – bestaunt von einem interessierten Publikum – auch schon los.

Erst hört man nur ein dumpfes Brummen, dann beginnt das blassgelbe Öl zu fließen und ein angenehm nussiger Duft verbreitet sich im Raum. Ein Kilogramm Nüsse ergibt etwa einen halben Liter hochwertiges Speiseöl. Die historische Ölgewinnung sei besonders schonend, betont Fischer, das kaltgepresste Öl enthalte die ganze Kraft der Natur. Die Alb-Ölmühle verarbeitet aber nicht nur Walnüsse, sondern auch Leinsamen, Hanf und Raps. Bio-Bauern auf der Schwäbischen Alb bauen die alten Saaten für die Fischers an.

Gleich neben der Alb-Ölmühle, im Gebäude BT21, gibt es Saures. Hier hat Stephan Pöhler seine Essigmanufaktur Ausemländle eingerichtet. Auch Pöhler verarbeitet vorwiegend Zutaten aus der Region – zu Essig, Senf und Pesto. Er verwendet nur natürliche Ingredienzen und keinerlei Zusatzstoffe. Mittlerweile finde man jede Menge E-Nummern auch auf Essigprodukten, kritisiert Pöhler: „Früher war Essig zum Haltbarmachen. Heute muss man den Essig selbst haltbar machen." Das sei doch traurig. Zum Abschluss einer Manufakturbesichtigung kann man seine Produkte verkosten. Beispielsweise den köstlichen Albsamico, einen Apfelessig in mehreren Geschmacksrichtungen, der 3 Jahre in einem Holzfass gereift ist.

Natürlich kann man in den Gläsernen Manufakturen nicht nur bei der Produktion dabei sein, die Produkte kann man auch kaufen. In der Alb-Ölmühle und in der Essigmanufaktur gibt es alles, was der Salat begehrt – und noch viel mehr.

TIPP

In der Alb-Ölmühle kann man sein eigenes aromatisches Walnussöl pressen lassen.

- Alb-Ölmühle, Albgut BT22, 72525 Gutsbezirk Münsingen, Tel. (01 75) 8 48 45 24 www.alb-oelmuehle.de
- Essigmanufaktur Ausemländle, Albgut BT21, Gutsbezirk Münsingen, Tel. (01 72) 7 00 98 29, www.ausemlaendle.de

Trimmen, skaten, chillen

39 Freizeitglück im Bürgerpark

Ein junger Mann stemmt sich an den Barrenstangen nach oben, schwingt die Füße über den Kopf und landet mühelos im Handstand. Ein kleines Mädchen hüpft erst auf dem Trampolin, dann balanciert es vorsichtig über eine Slackline – und freut sich mit der Oma, wie gut das schon klappt. Ein paar Meter weiter sucht eine fröhliche Kinderschar Abkühlung zwischen den farbig beleuchteten Fontänen der Wasserspiele. Und auf den Rampen der Skateanlage üben Jugendliche mit Skateboard, Stunt-Scooter oder BMX raffinierte Tricks und verwegene Sprünge.

Bei der Anlage des Bürgerparks wurde auch der traditionsreichen Geschichte dieses Orts gedacht. Nur noch das „Krankenhäusle" ist von der einstigen Bebauung übrig und erinnert an den Sozialreformer Gustav Werner, der im 19. Jahrhundert an der Echaz zunächst eine Papierfabrik und später die Bruderhausfabriken gegründet hat. Werner beschäftigte auch Menschen mit Behinderungen, Waisen und Witwen und ermöglichte ihnen so ein selbstbestimmtes Leben. Eine Ausstellung im Krankenhäusle, dem Gustav-Werner-Forum, stellt anschaulich Gustav Werners Leben und Wirken dar, im Außenbereich informieren Stelen und Tafeln über die Keimzelle der Reutlinger Industrialisierung. Rote Klinkerbänder auf dem Boden zeichnen die Umrisse ehemaliger Gebäude nach, schwarze Flächen deuten den früheren Kohleschuppen an. Und dort, wo einst das Kesselhaus der Maschinenfabrik stand, dampfen und spritzen heute Wasserfontänen.

Die Stadt Reutlingen hat viel in den Bürgerpark, die Außenanlage der neuen Stadthalle auf dem ehemaligen Bruderhausgelände, investiert. 2016 wurden der Calisthenics- und Parkour-Park eröffnet – früher hätte man wohl Trimm-dich-Park gesagt. Calisthenics ist Training mit dem eigenen Körpergewicht, eine kostenfreie Sportart im Freien, die vor allem junge Männer anspricht. Zeitgleich mit der Fitnessanlage wurde der neue Skatepark fertig. Beide Anlagen erfreuen sich großer Beliebtheit. Ob beim Trimmen, Skaten oder Chillen – hier kann jeder nach seiner Fasson glücklich werden.

- Bürgerpark Reutlingen, Manfred-Oechsle-Platz 1, 72762 Reutlingen
- Gustav-Werner-Forum, Manfred-Oechsle-Platz 2, 72762 Reutlingen, Tel. (0 71 21) 27 81 51 07
- ÖPNV: Haltestelle Stadtmitte

Spektakel im Wasenwald

40

Das Naturtheater begeistert seine Fans

Götz von Berlichingen war da und das Käthchen von Heilbronn, sogar Romeo und Julia haben sich hier schon ihre Liebe geschworen. Räuber Hotzenplotz hat im Wasenwald sein Unwesen getrieben, Pippi Langstrumpf und der Zauberer von Oz sorgten für magische Momente. Die Liste der Stücke, die das Naturtheater Reutlingen auf seiner Freilichtbühne schon gespielt hat, ist lang.

Inmitten von Bäumen ist ein Glücksort entstanden. Für die Gäste, die hier einen erbaulichen Theaterabend verbringen, aber auch für die Mimen auf der Bühne und die zahlreichen fleißigen Helferinnen und Helfer hinter den Kulissen. Manche von ihnen standen schon als Kinder auf den Brettern und sind noch im Alter aktive Laienschauspieler.

Das Naturtheater Reutlingen wurde bereits im Jahr 1928 gegründet und ist damit eine der ältesten Amateurfreilichtbühnen Baden-Württembergs. Pro Festspielsaison gibt es zwei bis drei Eigenproduktionen und mehrere Gastspiele. Die Programmauswahl ist anspruchsvoll, das Naturtheater legt großen Wert auf Qualität und arbeitet seit Jahren mit Profis in der Regie, der musikalischen Leitung, der Choreografie sowie im Bühnen- und Kostümbild. Da wird für die Proben zu den „Drei Musketieren" schon einmal ein renommierter Kampfchoreograf engagiert, der mit den Amateurschauspielern die Klingen kreuzt, bis jeder Fechthieb sitzt. Das musikalische Niveau ist hoch, sowohl in den Erwachsenenstücken als auch bei den Kinderproduktionen.

TIPP

Bei einer halbstündigen Führung bekommt man hinter den Kulissen spannende Einblicke.

Musicals gehören mittlerweile zur Spezialität der Freilichtbühne. „Sister Act" war so erfolgreich, dass es eine zweite Saison gegeben wurde. Das Ensemble spielt bei Wind und Wetter. Doch während die Mimen im Freien agieren, sitzen die Zuschauer unter dem Holzdach der Zuschauerhalle.

Weil das Betriebsgebäude des Theaters marode und viel zu klein geworden ist, soll neu gebaut werden. Das 7-Millionen-Euro-Projekt muss mit Zuschüssen und Spenden gestemmt werden. Wenn das neue Gebäude fertig ist, ist das Glück im Wasenwald perfekt.

● Naturtheater Reutlingen, Carlo-Schmid-Straße 50, 72762 Reutlingen, Tel. (0 71 21) 27 07 66, www.naturtheater-reutlingen.de

EAGLES

Wohnen unter Rundbögen

41

Spaziergang durch das Gmindersdorf

Holger Lange beginnt seine Führung durch das Gmindersdorf gerne beim Karz, dem „schönsten Biergarten Reutlingens", wie der Stadtführer betont. Gleich um die Ecke steht ein stattliches Haus, das den Betrachter aus zwei schrägen Fenstern anblickt. Jedes Gebäude der Arbeitersiedlung hatte andere Fensterläden und weitere individuelle Merkmale.

Erbaut wurde das Gmindersdorf im frühen 20. Jahrhundert, als die Reutlinger Textilfabrik Ulrich Gminder dringend Arbeitskräfte benötigte, die sie auch in Österreich anwarb. Um den neuen Mitarbeitern mit ihren Familien den Umzug nach Reutlingen schmackhaft zu machen, ließ Gminder in unmittelbarer Nähe seiner Fabrik vom Stuttgarter Stararchitekten Theodor Fischer die Arbeiterkolonie Gmindersdorf errichten. Fischer schuf einen dörflichen Charakter, indem er 18 verschiedene Haustypen entwarf; realisiert wurden 48 Doppel- und Mehrfamilienhäuser und im Zentrum ein kleiner Marktplatz mit einer Bäckerei und einem Kaufhaus.

Die Siedlung war in mehrfacher Hinsicht vorbildlich: Jede Wohnung hatte einen Wasser- und Gasanschluss und einen kleinen Garten für den Gemüseanbau. Auch ein gemeinsamer Ziegenstall und eine Mosterei gehörte zum Gemeinwesen sowie mehrere Waschhäuser. Anlässlich eines Firmenjubiläums ließ die Fabrikantenfamilie noch einen Kinderhort und einen Altenhof bauen. Dieser halbrunde Baukörper schließt die Siedlung zum Hang hin ab. Auffällig sind auch hier – wie im gesamten Viertel – die formschönen Rundbögen.

1964 wurde die Fabrik samt Gmindersdorf an die Firma Bosch verkauft. Nach und nach gingen die Wohnungen in Privatbesitz oder an die Stadt über. In der Folge wurde manch ein stilprägendes Element wegsaniert. Mittlerweile gilt für das ganze Ensemble Bestandschutz, einige Gebäude stehen unter Denkmalschutz, so der Kinderhort, ein Reihenhaus und das Kaufhaus, in dem jetzt der Bürgerverein sein Domizil hat. Ausklingen lässt man den Rundgang am besten bei einem kühlen Getränk unter den uralten Kastanienbäumen im Karz.

TIPP

Führungen durch das Gmindersdorf vermittelt die Tourist Information (Tel. 0 71 21/ 93 93 53 53).

● Biergarten Karz, Gmindersdorf, Heppstraße 36, 72760 Reutlingen, Tel. (0 71 21) 37 06 30, www.karz.de

● ÖPNV: Haltestelle Gmindersdorf

Zwischen allen Wipfeln

42 Klettern im Abenteuerpark Lichtenstein

Wer Lust auf Nervenkitzel hat und keine Angst, den Boden unter den Füßen zu verlieren, ist im Abenteuerpark Lichtenstein genau richtig. Der Hochseilkletterpark liegt in der Nähe von Schloss Lichtenstein in einem verwunschenen Wald und begeistert Jung und Alt. In elf Parcours mit über 200 Stationen warten Netzbrücken, schwankende Bohlen und schwingende Seile auf mutige Menschen, die einmal wie Tarzan von Baum zu Baum schwingen möchten. Die einfachen Parcours befinden sich in mindestens 4 Meter Höhe, die schwierigen in schwindelerregenden Höhen von bis zu 18 Metern.

Der einfachste Parcours, die „Schloss-Schenke", eignet sich für Anfänger und Kinder ab 8 Jahren. Jeder weitere Parcours birgt mehr Schwierigkeitsgrade. Wer den „Ritterschlag" schafft, kann richtig stolz sein. Über die schwankenden Seile zu gehen, erfordert Überwindung, obwohl man zu jedem Zeitpunkt mit einem Seil gesichert ist. Einen sensationellen Ausblick über den Hochseilpark bietet der „Husarenritt". Diese Tour ist eine Herausforderung für jedes Alter und wer hier kein flaues Gefühl im Bauch verspürt, ist ganz schön abgebrüht.

Echte Kletterartisten sind bei „Münchhausens Flug" gefragt. Um die Kletterbäume und Leitern zu überwinden und von Wipfel zu Wipfel zu schwingen, braucht es Kraft und etwas Wagemut. Den richtigen Weg durch das „Labyrinth" findet nur, wer einen guten Orientierungssinn hat. Gar nicht so einfach, ist man doch von einem dichten grünen Blätterdach umgeben.

Einer der schwierigsten Parcours führt „Zum Schlossgespenst". Um hier durchzukommen, benötigt es Kraft, Ausdauer und Koordination. Eine „Mindestsportlichkeit", heißt es, sei unbedingte Voraussetzung. Der Profiparcours „Folterkammer" ist sogar nur für Erwachsene und nach vorheriger Sondereinweisung erlaubt. Hier braucht man Nerven wie Drahtseile, denn wer der Folterkammer entkommen möchte, muss einen Sprung über 8 Meter wagen. Das Glücksgefühl, das einen durchströmt, wenn man die sichere Plattform erreicht, ist unbeschreiblich.

TIPP

In der Nähe gibt es eine Grillstelle und einen Biergarten. Auch ein Schlossbesuch lohnt sich.

● Abenteuerpark Lichtenstein, Schloss Lichtenstein 1, 72805 Lichtenstein, Tel. (0 71 29) 69 43 95, www.abenteuerpark-schlosslichtenstein.de

Lustvoller Genuss

43 Im Landgasthaus Zur Linde in Dörnach

Wildlasagne, Champagnerkraut, Salbeischaum. Wem dabei nicht das Wasser im Mund zusammenläuft, der ist Vegetarier oder ein Junkfood-Freak. Doch auch Menschen, die bewusst auf Fleisch verzichten, können sich im Landgasthaus Zur Linde in Dörnach über ein genussvolles Menü freuen. Küchenchef Andreas Goldbach zaubert dann fantasievoll mit Gemüse.

Der Gastraum überrascht mit gediegener Gemütlichkeit. In der Ecke steht ein runder Tisch, über dem eine Lampe hängt, die einer überdimensionalen Weintraube nachempfunden ist. Eine Reminiszenz an alte Zeiten, als hier noch der Stammtisch tagte.

Andreas Goldbach ist Koch aus Leidenschaft. Nach vielen Jahren in der Stuttgarter Sternegastronomie wollte er 2003 dem „aberwitzigen Aufwand“ den Rücken kehren. Gemeinsam mit seiner Frau Irene pachtete er das kleine Landgasthaus Zur Linde in Dörnach bei Pliezhausen, um dort in einer möglichst ungezwungenen Atmosphäre Kochkunst auf hohem Niveau zu kreieren.

TIPP

Rechtzeitig reservieren: Das Landgasthaus hat von Donnerstag bis Montag geöffnet.

Doch die erwartete Ruhe blieb aus. Die Gäste folgten dem Spitzenkoch und sofort war auch der erste Stern wieder da. Fast 20 Jahre wurde das kleine, schmucke Restaurant vom Guide MICHELIN für seine unprätentiöse, aber exzellente Küche ausgezeichnet. Erst nach der Pandemie wurde Goldbach der Stern entzogen, was er nicht ganz versteht, weil er am Konzept nichts verändert hat. Unglücklich ist er darum aber nicht, denn nun zog eine gewisse Leichtigkeit ein. Die Gänge können einzeln bestellt und nach Belieben kombiniert werden. Der passende Wein wird von Sommelière Irene Goldbach individuell empfohlen und glasweise ausgeschenkt.

Die Speisekarte wird saisonal angepasst, wenn möglich mit regionalen Produkten. Die Portionen sind so bemessen, dass man auch satt wird. „Wir sind auf dem Land“, sagt Goldbach, „da muss was auf den Teller.“ Aber etwas Platz fürs Dessert sollte schon sein. Wie wäre es mit Passionsfrucht-Panna-Cotta, karamellisierter Ananas, Kokosmakrone und Tonkabohneneis? Glück, das auf der Zunge zergeht.

● Landgasthaus Zur Linde, Schönbuchstraße 8, 72124 Pliezhausen, Tel. (0 71 27) 89 00 66, www.linde-doernach.de

Wo Wünsche wahr werden

44 Nikolaikirche, Citykirche, Vesperkirche

Glück ist relativ. Manchen Menschen schenkt eine warme Mahlzeit Glücksgefühle, andere macht es glücklich, wenn sie jemanden beschenken können. In diesem Sinne ist die kleine gotische Nikolaikirche in der Unteren Wilhelmstraße ein wahrer Glücksort.

Seit 2005 ist die Nikolaikirche eine ökumenische Einrichtung und steht als „Citykirche" allen Menschen offen. Im Café Nikolai treffen Gläubige, die seelischen Beistand suchen, auf Hungrige, die ein feines vegetarisches Mahl zu sich nehmen oder während des Einkaufstrubels in der Stadt einen Kaffee trinken möchten.

In der Weihnachtszeit werden in der Citykirche bei der Aktion Sternenfunkeln ganz konkret Wünsche wahr. Dann wird hier ein Wunschbaum aufgestellt, an dem Sterne hängen, mit Wünschen von Kindern und Jugendlichen aus Familien, die in prekären Verhältnissen leben. Wer möchte, kann einen Stern pflücken und den Kinderwunsch erfüllen. Alljährlich werden rund 1400 Pakete gefüllt und sorgen so dafür, dass auch in armen Familien Geschenke unter dem Weihnachtsbaum liegen.

Kaum ist Weihnachten vorbei, verwandelt sich die Nikolaikirche von der Citykirche in die Vesperkirche. 4 Wochen erhalten bedürftige Menschen ebenso wie vermögendere „Solidaresser" eine warme Mahlzeit. Da sitzt der Banker neben dem Berber, der Handwerker neben der alleinerziehenden Mutter und nicht selten kommen sie ins Gespräch. Täglich gehen rund 300 Mahlzeiten über die Theke – das Essen wird frisch von der BruderhausDiakonie geliefert. Anschließend gibt es Kaffee und Kuchen und wer möchte, kann ein Vesper für den Abend mitnehmen. Doch die Vesperkirche macht die Gäste nicht nur satt, sie kümmert sich auch um das körperliche und seelische Wohlergehen. Um 12 Uhr gibt es immer einen kleinen Mittagsimpuls. Regelmäßig ist eine Sozialberaterin vor Ort, auch Ärzte und Friseure sind für die Gäste da. Ein fester Bestandteil ist das abwechslungsreiche kulturelle Abendprogramm. Und so bringt die Vesperkirche in der kalten Jahreszeit etwas Wärme in die Herzen.

● Nikolaikirche, Nikolaiplatz 1, 72764 Reutlingen, Tel. (0 71 21) 37 29 55
www.citykirche-reutlingen.de
● ÖPNV: Reutlingen Hauptbahnhof

Mit allen Sinnen

45 Auf dem Eninger Kunst- und Sinnespfad

Eningen unter Achalm, so scheint es, war für Bildhauer ein inspirierender Ort. HAP Grieshaber, Gudrun Krüger und Eduard Raach-Döttinger haben hier gelebt und gearbeitet. Der Förderverein Eninger Kunstwege schuf gemeinsam mit der Gemeinde mehrere Kunstpfade, um das künstlerische Erbe dieser renommierten Künstler für die Allgemeinheit zugänglich zu machen.
Der Kunst- und Sinnespfad mit 17 Stationen verbindet bereits länger bestehende Objekte und neue Arbeiten. Er soll Kunst erlebbar machen. „Schauen mit allen Sinnen – Sehen, Hören, Fühlen", so lautet das Motto. Der Kunst- und Sinnespfad beginnt am Rathaus (dort kann man in der Tiefgarage parken). Ein Wegzeichen mit roter Pfeilspitze und einem Auge weist den Weg. Vom Zentrum, wo sich eine Skulptur von Eduard Raach-Döttinger und der ebenfalls von ihm gestaltete Bärenbrunnen befinden, geht es weiter zum Krüger Park, der grünen Lunge Eningens. Auf einer Anhöhe steht die Jugendstilvilla, in der Gudrun Krüger einst ihre fantasievollen, floralen Gestalten kreierte. Am Eingang werden Besucher von Krügers rätselhafter „Gordona" begrüßt. Dahinter werden aktuelle Exponate regionaler Künstlerinnen und Künstler gezeigt.
„Sichtweisen" heißt die Figurengruppe von MarEl Schaefer, die den Pfad mitgestaltet hat. Die „Zeit entdecken" kann man mit der knallroten Metallskulptur von Susanne Immer. Je nach Tages- oder Jahreszeit verändert sich der Lichteinfall. Auch die große Stahlskulptur von Jochen Warth „Ohne Titel" lädt zum Berühren und Umrunden ein. Drei Finger aus Metall umschließen den Raum und werden – je nach Standort – ganz unterschiedlich wahrgenommen. Außerhalb des Parks geht der Kunst- und Sinnespfad weiter. Über dem Eingang der benachbarten Bücherei schmökert die „E-Liese", eine Figur von Birgit Feil. An vielen Objekten befinden sich QR-Codes, über die man mit dem Handy Audios abrufen kann. Die Texte wurden von den Künstlern selbst verfasst. Der Spaziergang durch den inspirierenden Kunstpfad dauert etwa eine Stunde und hinterlässt ein glückliches Gefühl.

TIPP

Wer auf den Geschmack gekommen ist, sollte unbedingt auch den Grieshaber Rundweg besuchen.

- Kunst- und Sinnespfad, Rathausplatz 4, 72800 Eningen unter Achalm, Tel. (0 71 21) 8 92 12 50, www.kunstwege-eningen.de
- ÖPNV: Haltestelle Hauptstraße

Wie Perlen einer Kette

46 Auf Burgentour im Lautertal

Wie Perlen an einer Kette reihen sich die Ruinen aneinander. Das Große Lautertal auf der Schwäbischen Alb ist das burgenreichste Tal Deutschlands. Mehrere Premiumwanderwege, die sogenannten „Hochgehberge", erschließen das traumhafte Mittelgebirge, führen an der Lauter entlang und von dort in steile Höhen, dorthin, wo einst die Ritter und Adelsleute logierten. Um die herrschaftlichen Wohnsitze im Lautertal zu erwandern, kann man selbst stilecht zwischen alten Mauern wohnen: auf Burg Derneck, die auf einem Felsen über der Lauter thront.

Die imposante Burg Derneck in Hayingen wurde 1350 erbaut und von verschiedenen Adelsgeschlechtern bewohnt, bevor sie ans Königreich Württemberg fiel. Dieses richtete im 19. Jahrhundert eine Försterstelle in der Burg ein. 1967 übernahm der Schwäbische Albverein die Burg und baute das Försterhaus zum Wanderheim mit Burgschenke um. Betreut wird das im Sommer bewirtschaftete Wanderheim von Ehrenamtlichen. Ihr selbstgebackener Kuchen ist legendär. Von der Burg Derneck aus kann man auf dem Premiumwanderweg „hochgehswiggert" über Wacholderweiden zur Burgruine Hohengundelfingen wandern. Der Weg führt immer wieder an der glasklar sprudelnden Lauter vorbei und lädt zu einem kühlen Bad ein. Auf einer Felsformation in Höhe von 725 Metern errichtet, war Hohengundelfingen einst eine mächtige Burg im Lautertal und beeindruckt als Ruine auch heute noch.

TIPP
Eine Radtour auf dem Lautertal-Radweg führt in Etappen vom Ursprung der Lauter bis zur Mündung in die Donau.

„Hochgehen und runterschauen – hochgehen, aber auch herunterkommen", lautet das Motto der hervorragend ausgeschilderten Premiumwanderwege, die bisweilen seltsame Namen tragen. Den steilen, fast alpinen Aufstieg nach Hohengundelfingen bezwingt man auf den Spuren Swiggers – Swigger war der Vorname eines der Herrscher derer von Gundelfingen aus dem 12. Jahrhundert. Auf der prächtig sanierten Burgruine angekommen, bietet sich ein herrlicher Blick über die durch das Tal mäandernde Lauter und zur wesentlich kleineren Gegenburg Niedergundelfingen. Auch Derneck ist zu sehen. Was für ein beglückender Ausblick.

● Wanderheim Burg Derneck, Schlosshalde 1, 72534 Hayingen, Münzdorf, Tel. (0 73 86) 2 17, www.burgderneck.albverein.eu, www.hochgehberge.de/touren

Glück auf vier Beinen

47 Das Haupt- und Landgestüt Marbach

Alles Glück der Erde, heißt es, liegt auf dem Rücken der Pferde. Doch bisweilen reicht es schon, diese wunderbaren Geschöpfe auf der Weide zu beobachten oder sanft ihre samtenen Nüstern zu streicheln. Einen Zipfel vom Glück erhaschen kann man bei einem Spaziergang durch das älteste staatliche Gestüt Deutschlands. Im Haupt- und Landgestüt Marbach auf der Schwäbischen Alb werden seit über 500 Jahren Pferde gezüchtet. Weltbekannt ist die Vollblutaraberzucht, mit der König Wilhelm I. vor 200 Jahren begann. Er verfügte sogar testamentarisch, dass seine Araberzucht niemals aufgelöst werden dürfe. Auch die pferdebegeisterte Königin Elisabeth II. von England hätte dem Gestüt und den edlen Arabern wohl gerne einen Besuch abgestattet. Dass sie in Marbach am Neckar im Schiller-Museum gelandet ist und nicht bei den Pferden, war angeblich ein Versehen. Der Legende nach soll Ihre Majestät enttäuscht gefragt haben: „And where are the horses?"

Die Normalsterblichen haben es da einfacher, denn das Gestüt ist täglich für Besucherinnen und Besucher geöffnet; auch die Stallungen sind zugänglich. Für die kleinen Gäste hat das Gestüt den Kinderclub Julmond gegründet. Julmond war ein kluger und anhänglicher Trakehnerhengst, der 1960 ins Gestüt kam und mit seinen zahlreichen Nachkommen großen Einfluss auf die Landeszucht hatte. Unter dem Motto „Erlebe Marbach – gehöre dazu!" können Kinder und Jugendliche das ganze Jahr über einen Blick hinter die Gestütskulissen werfen und die Vierbeiner hautnah erleben, beispielsweise bei der Fohlentaufe im Herbst.

Höhepunkt sind die Marbacher Hengstparaden im Herbst, die immer Zigtausende Pferdefans in die historische Kulisse des Gestütshofs locken. Zu jeder Hengstparade reist ein anderes Gastland mit seinen typischen Pferderassen an. Am Ende des rund vierstündigen Programms hat die Silberne Herde ihren Auftritt. Die freilaufenden Marbacher Araberstuten mit ihren Fohlen verzaubern das Publikum mit Anmut und Eleganz.

TIPP

Das Gestüt und seine herrliche Landschaft lassen sich auch wunderbar bei einer Kutschfahrt erkunden.

- Haupt- und Landgestüt Marbach, Gestütshof 1, 72532 Gomadingen, Tel. (0 73 85) 9 69 50 00, www.gestuet-marbach.de
- ÖPNV: Bahnhof Marbach (bei Münsingen) oder Haltestelle Marbach (Lauter)

Grooven im Keller

48

Der JAZZclub IN DER MITTE

Wer hier Musik genießen möchte, muss in die Tiefe hinabsteigen, denn gegroovt wird stilecht in einem winzigen Keller. Was als Club einiger jazzbegeisterter Studenten begann, hat längst Kultstatus: Gegründet wurde der Reutlinger JAZZclub IN DER MITTE bereits im Jahr 1962 und gehört damit zu den ältesten Clubs in Deutschland. Sein heutiges Domizil im Keller der Gartenstraße 36 bezog der Club 1972. Seither ist das enge Gewölbe, in dem gerade einmal 100 Gäste Platz finden, eine beliebte Adresse für Jazzer und ihre Fans. Hier kommen Liebhaber aller Stilrichtungen auf ihre Kosten – von Dixieland über Mainstream, Blues und Bebop bis hin zu Fusion und Latin Jazz. Der JAZZclub IN DER MITTE ist untrennbar mit Clemens Wittel verbunden. Wittel machte über 40 Jahre lang das Programm und war fast genauso lange erster Vorsitzender des Vereins mit knapp 300 Mitgliedern. Rund 30 sind aktiv, stehen unermüdlich hinter der Theke und sorgen für die immer freundliche Bewirtung – „alles im Ehrenamt“, wie Wittel betont. Besonders stolz ist er, dass es ihm in seiner Anfangszeit als Programmmacher gelungen ist, das legendäre Trio Monty Alexander, Ray Brown und Herb Ellis in den Keller zu holen. Damals, erinnert er sich, gab es dort noch keinen Flügel, sondern ein ganz normales Klavier.

TIPP

Freitags bei freiem Eintritt den Jazzclub besuchen und sich vom Friday Jazz Jam überraschen lassen.

Jazzgrößen wie Wolfgang Dauner und Albert Mangelsdorff begeisterten in dem Kellergewölbe das Publikum, aber auch Liebhaber von Free Jazz kamen dort auf ihre Kosten. Neben den Konzerten mit hochkarätigen Musikern gibt es freitags die regelmäßigen Jamsessions, bei denen Musiker aus der Region eine willkommene Plattform haben. Überregional hat sich der kleine Club durch die Reihe „Jazzfrühling“ einen Namen gemacht. Seit über 20 Jahren geben hier Musiker der internationalen Jazzszene ihre Visitenkarte ab. Seit der Jazzclub mit dem soziokulturellen Zentrum franz. K kooperiert, sind auch Konzerte für wesentlich mehr Zuschauer möglich. Aber für die Hardcore-Fans ist die Atmosphäre im Keller unschlagbar.

● JAZZclub IN DER MITTE e. V., Gartenstraße 36, 72764 Reutlingen,
Tel. (0 71 21) 33 47 75www.jazzindermitte.de
● ÖPNV: Reutlingen Hauptbahnhof

JAZZ
IN DER
MITTE

Mit Schlossblick

49 Nasses Glück im Honauer Bädle

Klein aber fein – so könnte man das Honauer Freibad am Fuß der Schwäbischen Alb beschreiben. Im Tal, umrahmt von grünen Hügeln mit Premiumblick auf Schloss Lichtenstein, ist der Badespaß garantiert. Gleich hinter dem Eingangsbereich liegt das liebevoll gestaltete Reich der kleinen Badegäste: ein Planschbecken mit Wasserpilz. Eine Etage höher wartet ein großzügiges Becken auf Nichtschwimmer und geübte Wasserratten. Während im Nichtschwimmerbereich Kinder das Tauchen üben und einen Gegenstand nach dem anderen vom blauen Grund fischen, können Schwimmer mit einem Kopfsprung vom Startblock ins kühle Nass eintauchen und ihre Bahnen ziehen. Und wenn die Besucherzahl es zulässt, lädt der 3-Meter-Sprungturm zum beherzten Sprung in die Tiefe ein. Wer auf einem der Liegestühle oder auf der kleinen Rasenfläche eine Auszeit nehmen möchte, erhält kostenlos einen Sonnenschirm. Über einen Steg gelangt man zur oberen Liegewiese. Die ist so steil, dass die Beine der Liegebänke dem Gefälle angepasst wurden. Auch für den kleinen oder großen Hunger ist gesorgt: Der Kiosk bietet Getränke, Eis und Snacks an und ist nicht nur bei den Badegästen beliebt. Über ein Fenster erfolgt der Straßenverkauf, Hungrige müssen klingeln, dann können sie ihre Bestellung aufgeben. Betrieben wird das kleine Bad, das von Mitte Mai bis Anfang September geöffnet hat, von der Gemeinde Lichtenstein. Das Team ist komplett weiblich – hier herrscht Frauenpower nicht nur am Beckenrand, es gibt auch Rettungsschwimmerinnen.

Wer angesichts des Schlosses Lust auf Kultur bekommt, kann am Wochenende das Wilhelm-Hauff-Museum im selben Gebäude besuchen. Hier erfährt man alles über den Schriftsteller Wilhelm Hauff, dessen Roman „Lichtenstein“ Graf Wilhelm von Württemberg einst zum Bau des Schlosses inspirierte. Als erfolgreicher Märchenerzähler machte Hauff Leser und Leserinnen glücklich: In seinem kurzen Leben schrieb er bekannte Märchen wie „Zwerg Nase“, „Kalif Storch“, „Der kleine Muck“ und „Das kalte Herz“.

TIPP

Die nahe Olgahöhle ist im Sommer jeweils am ersten Sonntag im Monat geöffnet.

● Freibad Honau, Echazstraße 4, 72805 Lichtenstein, Tel. (0 71 29) 59 82
www.gemeinde-lichtenstein.de

Wahrzeichen mit Engel

50 Die Marienkirche, ein gotisches Meisterwerk

Sie ist das Wahrzeichen der Stadt und ein Meisterwerk gotischer Baukunst. Gleichzeitig ist sie eine der bedeutendsten Kirchen der Reformation in Württemberg. Hier verbreitete Matthäus Alber von 1521 bis 1548 die Lehren Luthers. Seither ist die Marienkirche das Zentrum der evangelischen Gemeinde Reutlingens. Errichtet wurde der Sakralbau zwischen 1247 und 1343. Den krönenden Abschluss bildete in 71 Meter Höhe auf dem Westturm eine 1,4 Meter hohe, vergoldete Engelsfigur. Die Finger der rechten Hand sind zum Schwur erhoben – oder grüßt sie Maria?

Der Turmhelm trotzte in den vergangenen Jahrhunderten Blitzschlag, Brand und Erbeben und auch der güldene Engel musste bereits mehrfach restauriert werden. Der Legende nach ist die Marienkirche aufgrund eines Gelübdes entstanden. Zu Pfingsten 1247 belagerten die Staufer die Freie Reichsstadt. Daraufhin gelobten die Reutlinger, dass sie im Fall einer Rettung der Jungfrau Maria zum Dank eine Kirche errichten wollten. Tatsächlich zogen die Belagerer ab und ließen einen 35 Meter langen Rammbock zurück. Dieser Rammbock soll dann als Maß für die Länge des Kirchenschiffs gedient haben. Angeblich verbrannte die Siegestrophäe bei dem großen Stadtbrand von 1726. Zur 750-Jahrfeier wurde eine Nachbildung des mittelalterlichen Sturmbocks neben der Kirche abgelegt.

TIPP

Gottesdienst ist sonntags um 10 Uhr, an jedem zweiten Sonntag um 15 Uhr gibt es eine kostenlose Führung.

Der Stadtbrand beschädigte auch die Marienkirche schwer. Ihre innere Ausstattung ging verloren, lediglich die Sakristei überstand die Flammen. Ende des 19. Jahrhunderts wurde sie von dem Kirchenbauer Heinrich Dolmetsch im Stil der Neogotik grundlegend saniert.

Das mächtige Gotteshaus verfügt über eine hervorragende Akustik und ein beeindruckendes Instrument: Die Rieger-Orgel mit fast 3000 Pfeifen wurde 1988 in das historische Gehäuse eingebaut. Sie bildet den Mittelpunkt des Orgelsommers, einer Konzertreihe, die sich nicht nur sakralen Themen widmet. Zweimal im Jahr wird ein Stummfilm gezeigt und die Filmmusik live auf der Orgel gespielt.

● Marienkirche, Weibermarkt 1, 72764 Reutlingen, Tel. (0 71 21) 31 24 61
www.nmk-reutlingen.de
● ÖPNV: Reutlingen Hauptbahnhof

Zwischen den Zeilen

51

Die Stadtbibliothek als Ort der Begegnung

Das himmelblaue Vogelauge – eine Skulptur der Eninger Künstlerin Gudrun Krüger – weist den Weg in eine der beliebtesten Reutlinger Institutionen: die Stadtbibliothek. Jährlich gehen Hunderttausende am Vogelauge vorbei und tauchen ein in einen Ort der kulturellen Bildung und Begegnung. Fast 300.000 Medien erwarten die Gäste auf drei Stockwerken: Romane und Sachbücher, Kinder- und Jugendmedien, Filme, Serien, Musik, Hörbücher und Hörspiele, Noten, Brett- und Konsolenspiele, Zeitungen und Zeitschriften.

Erbaut wurde die Stadtbibliothek im Jahr 1985 als offene Stahl-Glas-Konstruktion vom Karlsruher Architekturbüro Rossmann + Partner. Der Neubau ist Teil des Weiterbildungszentrums, zu dem auch die Volkshochschule gehört. Im Eingangsbereich gibt es eine Leseecke mit Picknickfunktion. Hier kann man in einer der Tageszeitschriften schmökern und dabei einen Imbiss verzehren. Ebenfalls vom Foyer aus erreichbar ist die Kleine Galerie auf dem Podest, wo regelmäßig Arbeiten regionaler Künstlerinnen und Künstler ausgestellt werden.

TIPP

Wer keine Zeit für einen Besuch in der Stadtbibliothek hat, kann die eBibliothek nutzen.

In der Musikbibliothek darf man Instrumente ausprobieren, unter anderem ein Silent Piano, auf dem man mit Kopfhörern spielen kann. Auch Veeh-Harfen verleiht die Stadtbibliothek – oder man spielt sie gleich vor Ort gemeinsam mit anderen. Das Erlernen dieses Instruments ist sehr einfach und verspricht ein rasches Erfolgserlebnis. Schüler schätzen die Bibliothek wegen der vielfältigen Recherchemöglichkeiten, aber auch, weil es hier kostenloses WLAN gibt.

Das vielfältige Veranstaltungsprogramm reicht von der Vorlesestunde für die Kleinsten über Konzerte bis hin zur Lesung mit angesagten zeitgenössischen Schriftstellern. Jeden Donnerstagnachmittag zur Blauen Stunde gibt es literarische Unterhaltung: Die Texte werden von Schauspielerinnen und Schauspielern eindrucksvoll vorgetragen. Ein besonderes Erlebnis sind die Veranstaltungen auf der Dachterrasse – Glücksmomente, inklusive Glockengeläut der nahen Marienkirche.

● Stadtbibliothek Reutlingen, Spendhausstraße 2, 72764 Reutlingen, Tel. (0 71 21) 3 03 28 46, www.stadtbibliothek-reutlingen.de
● ÖPNV: Reutlingen Hauptbahnhof

Unter der Sonne

52

Café Sommer, Treffpunkt der Generationen

Über dem kleinen Haus in der Wilhelmstraße 100 scheint immer die Sonne. Das Logo mit der stilisierten Sonne wurde einst von dem berühmten Reutlinger Werbegrafiker Karl Langenbacher entworfen und passt trefflich zum Café Sommer. Heinrich Sommer gründete die Feinbäckerei 1930 und mittlerweile wird sie von seinem Enkel Andreas und seiner Familie geführt. Aus dem kleinen Haus ist ein großes Unternehmen geworden – mit Bäckerei, Konditorei, Patisserie, Café- und Restaurantbetrieb. Herzstück ist die Theke im Eingangsbereich, hinter der die köstlichen Torten und Kuchen – viele nach alten Rezepturen – um die Gunst der Kunden wetteifern.

Alle vier Kinder – Anja, Paul, Carl und Leon – sind in den Familienbetrieb eingestiegen, jede(r) hat einen eigenen Aufgabenbereich. Vor Kurzem wurde das Haus umgebaut, jetzt gibt es mehr Platz für die Produktion, aber auch für Veranstaltungen. Im modernen Restaurantbereich zieren Drucke von HAP Grieshaber die Wand. Die Alte Backstube mit gemütlichem Kaffeehausambiente kann für Firmen- und Familienfeiern gebucht werden. 40 Mitarbeiterinnen und Mitarbeiter halten den Laden am Laufen – viele sind schon lange Teil der Sommer-Familie.

TIPP

Ein individueller Wunsch-Workshop ist ab 10 Personen nach Absprache möglich.

In der Alten Backstube sind Backgerätschaften aus vier Generationen ausgestellt. An Weihnachten kommen die alten Modelle zum Einsatz und zu Ostern die Alu-Formen für die roten und karamellfarbenen Zuckerhasen. Sie werden mit flüssiger Zuckermasse ausgegossen, ein aufwändiges Verfahren. Auch die Fondanteier, die kleinen Schokonester und die verzierten Krokanteier sind Handarbeit – viele Kunden kommen, weil es diese besonderen Leckereien sonst nirgends mehr gibt.

„Wir wollen für alle Generationen etwas anbieten“, sagt Küchenmeister Carl Sommer. Ein Eventkalender führt durch das Jahr – mit Whisky- und Gin-Tastings, Themenabendessen und Jahreszeitenmenüs, Weihnachts- und Silvesterbrunchs. Es gibt Kurse, in denen man Tartes und Törtchen, edle Macarons oder feine Pralinés herstellen lernt.

● Café-Konditorei Sommer, Wilhelmstraße 100, 72764 Reutlingen, Tel. (0 71 21) 30 03 80, www.cafe-sommer.de
● ÖPNV: Reutlingen Hauptbahnhof

sommer

Immer gut gekleidet

53 Das TEXOVERSUM auf dem Reutlinger Campus

Für Studierende ist die Hochschule Reutlingen ein Glücksfall. Manchen Reutlingerinnen und Reutlingern hingegen ist es gar nicht bewusst, was für ein Juwel die Stadt mit der Kaderschmiede im Hohbuch besitzt. Regelmäßig schaffen es die Studiengänge auf Topplätze internationaler Rankings.

Seit Kurzem besitzt der Campus ganz am äußersten Ende, dort wo die Felder beginnen, einen neuen architektonischen Höhepunkt: Das TEXOVERSUM, die neue Heimstätte der Fakultät Textil, entworfen und realisiert von den renommierten Münchner Architekten Allmann, Sattler und Wappner. Die Textilindustrie hat Reutlingen einst eine große Prosperität beschert, jetzt sollen die Studierenden in dieser futuristisch anmutenden Ausbildungsstätte innovative Lösungen erarbeiten. Das architektonische Konzept des Gebäudes basiert auf der Auseinandersetzung mit dem Thema textiles Gestalten – „form follows function". Der würfelförmige Baukörper wurde in eine mit Kunstharz verstärkte, textilartige Hülle aus Carbon und Glasfaser gekleidet. Das Geflecht erinnert an das Netz einer Spinne und ist mit verschieden großen Löchern versehen. Die markante Fassade dient gleichzeitig als Sonnen- und Lichtschutz und war ausschlaggebend dafür, dass das Gebäude 2024 beim Deutschen Hochschulbaupreis eine Auszeichnung erhielt.

Auf fast 3000 Quadratmeter Fläche umfasst das TEXOVERSUM Werkstätten, Labore und Unterrichtsräume. Außerdem beherbergt der Neubau die Historische Gewebesammlung der Hochschule Reutlingen mit rund 500.000 Stoffmustern. Besonders wertvoll sind textile Fragmente aus Peru und Stoffmuster aus Japan. Das älteste Gewebe ist etwa 1000 Jahre alt.

Beim Spaziergang gibt es noch mehr zu entdecken: Beispielsweise die Mensa, die aktuell generalsaniert wird. Das an der Außenfassade angebrachte, beeindruckende Gemälde des Stuttgarter Kunstprofessors Moritz Baumgartl mit dem treffenden Titel „Das Emporwollen" bleibt zum Glück erhalten. Die ehemalige Außenwand, die von mehreren Personen erklommen wird, wird einfach in den Anbau integriert.

● TEXOVERSUM Fakultät Textil der Hochschule Reutlingen, Alteburgstraße 150, 72762 Reutlingen, Tel. (0 71 21) 2 71 80 01, www.tex.reutlingen-university.de
● ÖPNV: Haltestelle Hochschulen

Dampfbad hier, Wellen dort

54 Eintauchen in die Reutlinger Wasserwelt

Ob im Achalmbad oder im Wellenfreibad im Markwasen: Die Reutlinger Bäder haben einen hohen Freizeit- und Erholungswert. Bereits im Jahr 1928 wurde am Rand der Altstadt das Achalmbad im Bauhausstil errichtet. Obwohl das Bad relativ klein ist, ist es äußerst beliebt. Das gilt vor allem auch für den Wellnessbereich, in dem sich eine finnische Sauna und ein im maurischen Stil gestaltetes osmanisches und römisches Dampfbad befinden. Entspannen können sich die Badegäste anschließend in einem Whirlpool, über dem ein Sternenhimmel funkelt.

Von Anfang Mai bis Mitte September zieht es Schwimmbegeisterte in den Markwasen. Das hervorragend in die Landschaft integrierte Wellenfreibad am Stadtrand wurde in den 1950er-Jahren erbaut und mehrfach modernisiert. Auf 100.000 Quadratmetern Fläche bietet es vielfältige Schwimm- und Sportmöglichkeiten und einen riesigen Liegewiesenbereich mit schattigen Bäumen. Wer ins kühle Nass ein- oder abtauchen möchte, dem stehen vier Becken zur Verfügung: ein Sprungbecken mit einer 5-, 7,5- und 10-Meter-Sprunganlage für spektakuläre Salti und Schrauben, ein 50-Meter-Sportbecken für ambitionierte Schwimmer und ein Erlebnisbecken für Nichtschwimmer mit einer 80 Meter langen Riesenrutsche. Die größte Attraktion aber ist das Wellenbecken, das dem Bad seinen Namen gab. Zu jeder vollen Stunde rollen hier bis zu 1,5 Meter hohe Wellen heran und lassen ein wenig Meerfeeling aufkommen.

Auch der Kinderbereich kann sich sehen lassen. Unter riesigen Sonnensegeln warten verschiedene Wasserspiele und ein Sand- und Matschpark auf die kleinen Badegäste. Zu dem großzügigen Freibadgelände gehört ein Sportpark mit zwei Beachvolleyballfeldern, einem Basketballplatz und zwei Mini-Street-Soccer-Plätzen. Für Anhänger der Freikörperkultur gibt es einen abgeteilten FKK-Bereich auf dem Gelände. Schwimmen macht hungrig. Neben den obligatorischen Freibadpommes gibt es Pizza und Flammkuchen, aber auch Kaffee und Kuchen sowie Cocktails.

- Achalmbad, Albstraße 17–19, 72764 Reutlingen, Tel. (0 71 21) 5 82 30 91 www.reutlinger-baeder.de
- Wellenfreibad, Hermann-Hesse-Straße 40, 72762 Reutlingen, Tel. (0 71 21) 5 82 37 92, www.reutlinger-baeder.de
- ÖPNV: Haltestelle Achalmbad oder Haltestelle Kreuzeiche

Flauschiges Vergnügen

55

Spaziergang mit den Achalm-Alpakas

„Wer einem Alpaka zu lange in die Augen schaut, ist von ihm für immer gefesselt", lautet ein Sprichwort in den Anden. Genauso ging es Johanna und Herbert Ruch, als sie vor vielen Jahren bei einer Amerikareise Alpakas sahen und sofort von den sanftmütigen Kleinkamelen mit dem flauschigen Pelz fasziniert waren. Die Faszination ließ sie nicht mehr los. Wenig später schafften sich die beiden, die eigentlich in der IT-Branche arbeiteten und an der Achalm in Reutlingen lebten, drei trächtige Alpakastuten an. Die Zucht der Achalm-Alpakas konnte beginnen.

Mittlerweile leben sie auf der Schwäbischen Alb in Wasserstetten mit einer stattlichen Herde von fast 70 Tieren. Längst ist aus dem Hobby ein Beruf geworden. Hauptzweck ihrer Alpakazucht ist zwar die Wollproduktion, doch weil alle Besucher so begeistert auf die liebenswerten Tiere mit den lustigen Frisuren reagieren, bieten die Ruchs auch Wanderungen mit den Andenkamelen an.

Zunächst wird im Stall ein passendes Tier für jeden Gast ausgesucht – auch Kinder dürfen ein ruhiges Alpaka führen. Jedes Tier hat einen eigenen Charakter. Manche kuscheln ausgesprochen gerne, andere sind zurückhaltender. Die Alpakas tragen fantasievolle Namen. Die Kinder einer Stute sind nach Göttern benannt, eine andere hat Fohlen mit Rosennamen. Nach einer kurzen Einführung geht es los. Vorne läuft immer ein erfahrenes Tier, dahinter reihen sich nach und nach die anderen ein.

Georgia ist eine junge Alpakadame mit einem wunderschönen rotbraunen Fell. Sie ist noch nicht oft mitgelaufen und etwas aufgeregt. Immer wieder reckt sie den Kopf in die Luft. „Einfach laufen lassen", rät Herbert Ruch. Und tatsächlich findet auch Georgia schon bald ihren Platz.

Die Ausflüge führen über schöne Rundwege durch blühende Wiesen oder in der Sommerhitze durch den kühlen Wald. Alpakas haben eine beruhigende Wirkung auf Menschen, das macht sich auch beim Spaziergang bemerkbar. Alle wirken entspannt und zufrieden.

TIPP

Im kleinen Hofladen gibt es Produkte aus Alpakawolle wie Mützen, Stirnbänder und Bettdecken.

● Achalm-Alpakas, Talstraße 52, 72532 Gomadingen-Wasserstetten, Tel. (0 73 85) 96 89 90, www.achalm-alpaka.de

Erholung im Grünen

56 Im Stadtgarten von Reutlingen

Die Sonne zaubert durch das Laub helle Flecken auf den kleinen Weiher. Libellen schweben über das Wasser und lassen sich auf den Seerosen nieder. Im Schatten eines Baums sitzt eine junge Frau und liest. Etwas entfernt spielen Kinder und in einem kleinen Holzpavillon haben sich ihre Mütter zum mittäglichen Kaffeeplausch niedergelassen. Der Stadtgarten liegt etwas verborgen und doch zentrumsnah in der Reutlinger Oststadt, ein Idyll, das zum Verweilen und Erholen einlädt. Über ein Dutzend verschiedene Baumarten gedeihen hier, beispielsweise die Baumhasel, die als besonders resistent bei Hitze gilt.

2009 hat sich ILOS, die Initiative für eine lebenswerte Oststadt, gegründet. Ihre Mitglieder setzen sich unter anderem für den Erhalt von Grün in ihrem Stadtteil ein, sie pflanzen Bäume und greifen, wenn es besonders trocken ist, auch im Stadtgarten zur Gießkanne.

Man erreicht die kleine Parkanlage am besten über die Planie, eine im 19. Jahrhundert errichtete Kastanien- und Lindenallee, die von imposanten Stadtvillen umgeben ist. Sie beginnt in der Kaiserstraße – hier steht ein Denkmal von 1892 mit der Marmorbüste von Kaiser Wilhelm I. – und führt in Verlängerung direkt auf den Stadtgarten zu, der 1902 angelegt wurde. Im Vergleich zu den anderen größeren Parks in Reutlingen verbringt er ein Schattendasein und ist gerade darum am zauberhaftesten. Ein paar Mal im Jahr erwacht der kleine Park zum Leben, wenn auf den Grünflächen Konzerte und andere Veranstaltungen stattfinden.

Auch der Neigschmeckt-Markt, ein Verbrauchermarkt, der in der Planie einmal im Jahr regionale Produkte präsentiert, erstreckt sich in den kleinen Park. Dort werden dann alte Handwerkskünste gezeigt. Man kann den Seilern bei der Arbeit zuschauen oder selbst versuchen, Wolle zu spinnen. Auf dem kleinen See kann man sich mit einem Floß über das Wasser ziehen. Auch Tiere – Alpakas, Schafe, kleine Pferde – bevölkern dann zur Freude der kleinen Gäste für einen Tag die Wiesen. Danach kehrt wieder Ruhe ein und die Libellen haben den Weiher wieder für sich.

TIPP

Der Stadtgarten eignet sich wunderbar für ein Picknick im Grünen.

● Stadtgarten, Charlottenstraße 60, 72764 Reutlingen
www.tourismus-reutlingen.de
● ÖPNV: Haltstelle Hauptbahnhof

Pan weist den Weg

57 Der Grieshaber-Kunstpfad in Eningen

Gott Pan und der Reutlinger Hausberg, die Achalm, durchziehen das Werk des Reutlinger Holzschneiders HAP Grieshaber – zahlreiche Arbeiten hat er diesen Motiven gewidmet. Der Förderverein Eninger Kunstwege hat in der zauberhaften Landschaft am Fuß der Achalm einen Rundweg mit Repliken des berühmten Künstlers eingerichtet. Der griechische Hirtengott mit der Panflöte weist den Weg.

Ein „Pan" – der Originalholzschnitt stammt aus dem Jahr 1939 – empfängt die Besucher an der HAP-Grieshaber-Halle. Dort beginnt und endet der rund 5 Kilometer lange Weg, der zu 14 Exponaten führt. Anfangs geht es durch ein Wohngebiet, wo die großformatigen Arbeiten eindrucksvoll auf Freiflächen präsentiert werden, dann wandert man ins Freie: Wunderbar fügen sich die hochwertigen Reproduktionen in die Natur ein. Kleine Tafeln erläutern die Werke. Besonders berührend sind die Holzschnitte, die in der Nazizeit entstanden. Weil Grieshaber als „entarteter" Künstler kein Arbeitsmaterial kaufen durfte, besorgten ihm Kinder im Spielwarenladen Glanzpapiere, die er dann bedruckte.

TIPP

Weiter zum Achalm-Restaurant wandern und dort mit herrlicher Aussicht einkehren.

Etwa auf der Hälfte der Strecke ist eine der eindrucksvollsten Arbeiten zu entdecken: „Poseidon und Amphitrite". Grieshaber schuf das Original 1959 aus Glasbausteinen in prächtigen Farben. Nun steht die Replik vor dem Ort, in dem der Künstler bis zu seinem Tod gewohnt und gearbeitet hat. Und wenn die Sonne scheint, beginnt die Installation zu leuchten. Ein Blick in den überwucherten Garten mit den verfallenden Gebäuden und dem Atelier des Künstlers verrät: Hier blieb die Zeit stehen.

Weiter geht es, vorbei an Wiesen und kleinen Wäldchen – überall hinterließ Grieshaber dank des Kunstpfads seine Spuren, oft laden Bänke zum Verweilen ein. Die letzte Station ist dem politischen Werk Grieshabers gewidmet: Der Leitspruch des Plakats, das er für den 1. Mai 1978 entwarf, lautet: „Recht auf Arbeit, Recht auf Kultur".

Die Achalm war für Grieshaber ein inspirierender Glücksort und wer auf seinen künstlerischen Spuren wandelt, kann es spüren.

- HAP-Grieshaber-Halle, Betzenriedweg 24, 72800 Eningen unter Achalm, Tel. (0 71 21) 82 09 15, www.kunstwege-eningen.de
- ÖPNV: Haltestelle Eningen Wenge

Barocke Pracht

58

Besuch im Münster von Zwiefalten

Gäbe es einen Wettbewerb, erfährt man bei einer Führung durch das Zwiefalter Wahrzeichen, dann hätte das Münster Unserer Lieben Frau gleich mehrere Goldmedaillen verdient. Die imposante Fassade der Kirche mit dem Kreuz ist 45 Meter hoch und damit die höchste Spätbarockfassade Deutschlands. Das freitragende Deckenfresko im Mittelschiff ist sogar weltweit einzigartig. Der Münchner Baumeister Johann Michael Fischer, der das Münster von 1739 bis 1765 errichtete, hat eins der bedeutendsten spätbarocken Bauwerke geschaffen.

Auch die prächtige Ausstattung der ehemaligen Benediktinerabtei – die großen Deckengemälde stammen von Franz Josef Spiegler, die Stuckarbeiten von Johann Michael Feichtmayr – ist rekordverdächtig: In keiner anderen Barockkirche gibt es mehr Mariendarstellungen. Knapp den Olymp verfehlt hat die Engelschar mit 999 an der Zahl: Nur das Kloster Ottobeuren kann angeblich einen kleinen Engel mehr vorweisen. Ein besonders spektakuläres Fresko ziert die Decke der Vorhalle der Klosterkirche: Der Kirchenmaler Andreas Meinrad von Ow aus Sigmaringen hat dort ein Pferd geschaffen, das den staunenden Betrachter geradezu verfolgt.

Die barocke Pracht der Münsterkirche ist beispiellos. Doppelte Stuckmarmorsäulen in bunten Schattierungen flankieren den Innenraum und lenken den Blick unwillkürlich auf den Hochaltar zur Madonna im goldenen Strahlenkranz. Die Skulptur für das Gnadenbild stammt aus dem Jahr 1430 und wurde von dem Bildhauer Johann Joseph Christian barock umgestaltet. Das Deckenfresko in der fensterlosen, 28 Meter hohen Kuppel ist ein weiterer Höhepunkt: Spiegler malte es in nur 38 Tagen.

Das Schmuckkästchen der Kirche aber ist der Chorraum, den man mit etwas Glück bei einer Führung besichtigen kann. In Goldplatten ist dort der Lebensweg der Madonna nachgezeichnet. Das aufwändig verzierte Chorgestühl schnitzte der Bildhauer Christian. Marias Himmelfahrt stellt ein über 8 Meter hohes Leinengemälde dar und über dem Chor erheben sich die beiden ortsbildprägenden Glockentürme.

TIPP

Im Bierhimmel kann man die Braukunst der Klöster hautnah erleben und im Biergarten genießen.

● Münster Zwiefalten, Beda-Sommerberger-Straße 5, 88529 Zwiefalten, Tel. (0 73 73) 22 52, www.se-zwiefalter-alb.drs.de

Tradition trifft Moderne

59 Im Kunstmuseum Reutlingen

Die erste künstlerische Begegnung wartet im Foyer in Form eines riesigen Gorillakopfs, der den Aufzugschacht ziert. Der Reutlinger Maler Eckart Hahn, bekannt für seine ebenso surrealen wie hyperrealistischen Tierdarstellungen, schuf das beeindruckende Bildnis für das Kunstmuseum Reutlingen im Spendhaus. Rätselhaft geht es im Aufzug weiter: Ein Rabe mustert die Besucher, dicke Taue, die an die mittelalterliche Nutzung des ehemaligen Getreidespeichers erinnern, verbinden die Etagen.
In dem sechsgeschossigen Fachwerkgebäude aus dem Jahr 1518, das als eines der wenigen den Stadtbrand überlebt hat, liegt der künstlerische Schwerpunkt auf dem Holzschnitt und Hochdruck des 19. Jahrhunderts bis in die Gegenwart. Wichtige Konvolute bilden Werke von Wilhelm Laage und HAP Grieshaber. Durch Neuerwerbungen, aber auch durch großzügige Schenkungen hat sich das Spendhaus längst als „Mekka des Holzschnitts" (Kunstzeitschrift „Art") etabliert. Auf drei Etagen sind Exponate aus dem Fundus, aber auch regelmäßig hochkarätige Wechselausstellungen zu sehen. Ganz oben im vierten Stock – auf der Aufzugwand flattert ein gelber Vogel – geht es zum Baumhaus, einem ansprechend gestalteten Aufenthaltsbereich, in dem Kunst vermittelt wird.
Das Spendhaus ist nur eine von zwei Locations des Kunstmuseums Reutlingen. Die zweite in der ehemaligen Metalltuchfabrik Wandel-Hallen ist ein Hotspot für moderne Kunst auf 2000 Quadratmetern Ausstellungsfläche. Unter anderem wird hier die international bedeutende Sammlung konkreter Kunst präsentiert – auch sie ist das Ergebnis mehrerer großzügiger Schenkungen.
Im Untergeschoss der Wandel-Hallen widmet sich die Galerie als der dritte programmatische Schwerpunkt des Kunstmuseums Reutlingen ganz der zeitgenössischen Kunst. Junge internationale Künstlerinnen und Künstler zeigen hier ihre Arbeiten, die Bezüge zu dem auffälligen Ausstellungsraum mit den raumgliedernden Gewölbebögen schaffen.

TIPP

Auf der Website des Spendhauses gibt es einen Link zu einem virtuellen Museumsrundgang.

- Kunstmuseum Reutlingen/Spendhaus, Spendhausstraße 3, 72764 Reutlingen, Tel. (0 71 21) 3 03 22 13, www.kunstmuseum-reutlingen.de
- Kunstmuseum Reutlingen/konkret/Galerie, Wandel-Hallen, Eberhardstraße 14, 72764 Reutlingen
- ÖPNV: Haltestelle Stadtmitte oder Reutlingen Hauptbahnhof

Pure Lebensfreude

60 Das Kick- und Musikfeschd in Meidelstetten

„Pura vida" lautet das lebensbejahende Motto in Costa Rica, doch *pura vida* gibt es auch in Meidelstetten auf der Schwäbischen Alb, spätestens seit dort 1986 der Verein für angewandte Lebensfreude gegründet wurde. Der Verein unterstützt nicht nur die renommierte Musikkneipe Adler, er wuppt auch schon seit fast 40 Jahren das gigantische Kick- und Musikfeschd, zu dem Hobbykicker aus ganz Deutschland anreisen.

Alljährlich am letzten Augustwochenende verwandelt sich die Wiesenfläche Uff d'r Staig oberhalb des Dorfs in eine riesige Zeltstadt. Eggl Lorch, der das legendäre Kickfeschd einst aus der Taufe hob, ist immer noch dabei und auch einige Mannschaften zählen zu den Urgesteinen – statt der Väter stehen nun die Söhne und Töchter auf dem Platz. Gleichgeblieben ist das Turnier, das auf zwei Fußballfeldern von 40 Mannschaften ausgetragen wird.

TIPP

Den Adler Meidelstetten besuchen – das Kulturprogramm ist unter www.adler-meidelstetten.de zu finden.

Das Kick- und Musikfeschd beginnt am Freitagabend mit einem Livekonzert im großen Zelt, samstags und sonntags wird tagsüber gekickt und abends mit viel Musik gefeiert. Die Namen der Mannschaften sind so fantasievoll wie ihre Outfits. Da spielen „Irgendwelche Idioten" gegen „Verlassene Butter" oder „The worst case" gegen die „Kellerkinder". Anfangs war die „Unschuld vom Lande" die einzige Frauenmannschaft, mittlerweile spielen immer häufiger Frauen auch in den anderen Teams mit. Und unter die schwäbischen Töne mischen sich arabische, seit einige Flüchtlingsmannschaften mit von der Partie sind – „Klarasyl" trifft „Syrienstein".

Die Verpflegung wird vom Verein mit großer Unterstützung der Bevölkerung übernommen. Rund 2000 Gäste strömen alljährlich zu der Megasause auf die Alb – bei vielen ist der Termin Ende August im Kalender geblockt. In der Zwischenzeit hat sich das rauschende Fest so etabliert, dass der Verein jedes Jahr ein beachtliches Sümmchen an gemeinnützige Organisationen spenden kann. Ein Teil der Gelder fließt in den Verein Zukunft Adler zur Erhaltung der Kulturkneipe. Damit *pura vida* weiterlebt.

● Verein für angewandte Lebensfreude, Kirchgässle 3, 72531 Hohenstein-Meidelstetten, Tel. (0 73 87) 98 88 94, www.kickfeschd.de

Von Rock bis Rembetiko

61 Livemusik im Pappelgarten

Der Himmel hängt zwar nicht voller Geigen, aber wer an die Decke schaut, entdeckt Lampen aus Schlagzeugzubehör – Toms, Hi-Hats und Crashbecken. Die Einrichtung ist ein Sammelsurium aus Vintage und Moderne: Wirtshaus- und Kaffeehausstühle, gemütliche Sofas, in der Ecke ein Schrank im Rokokostil mit Sammeltassen im Blümchendekor. Seit 2016 betreibt Tobias Festl das idyllisch in einem Pappelgarten gelegene Naturfreundehaus. Von Anfang an ist es ihm gelungen, führende Jazzgrößen für Konzerte zu gewinnen. Die Kontakte stammen aus der Zeit, als der Reutlinger noch einen Geigenhandel betrieb, der auf Kontrabässe spezialisiert war. Die Musiker kamen aus der ganzen Welt in seine World of Basses.

Schon damals organisierte der Musikverrückte regelmäßig Jazz- und Klassikkonzerte und auch im Pappelgarten sind sie ein wichtiger Teil des Programms. Doch Festl, der in der Livemusikszene vernetzt ist, gibt ganz unterschiedlichen Musikern eine Bühne und so kann es sein, dass an einem Abend Hardrock die Wände erzittern lässt und am nächsten griechische Gäste ausgelassen ihren Rembetiko tanzen.

Festl veranstaltet auch Konzertreihen wie donnerstags die „Bass-Bar Live Acts" und jeweils einmal im Monat die schwul-lesbische Party „SchwuLesPaPa" und die „Dancing Queens" – nur für Frauen. Sonntagmittags heißt es „Nach der Kirch' ins Wirtshaus", was für Festl ganz wörtlich zu nehmen ist, weil er sein Glück mit einer Pfarrerin gefunden hat. Bei fast allen Konzerten geht am Ende ein Hut herum. Lediglich bei „Jazz im Pappelgarten" mit renommierten internationalen Künstlern verlangt Festl Eintritt. Im Übrigen vertraut er auf die Ehrlichkeit seiner Gäste. Getränke holt man sich an der Theke selbst, abgerechnet wird am Schluss. Meistens, sagt Festl, der auch Menschen mit kleinem Geldbeutel den Konzertbesuch ermöglichen möchte, gehe seine Mischkalkulation auf. Wenn die letzte Zugabe verklungen ist und das tanzfreudige Publikum den Saal verlässt, sieht man jedenfalls nur glückliche Gesichter.

TIPP

Private Feiern sind nach vorheriger Absprache im Pappelgarten möglich.

- Pappelgarten, Naturfreundehaus Römerschanze, Marie-Curie-Straße 27, 72760 Reutlingen, Tel. (0 71 21) 6 80 78 79, www.derpappelgarten.de
- ÖPNV: Haltestelle Orschel

Wasser (ge)fällt immer

62

Der Uracher Wasserfallsteig ist der Schönste

Ob bei strahlendem Sonnenschein, bei Regenwetter oder im tiefsten Winter – ein Wasserfall ist ein lohnendes Ausflugsziel. Dies trifft besonders auf den Wasserfall in Bad Urach zu, denn der Rundweg, der von Bad Urach aus am Wasserfall vorbei auf die Uracher Alb und wieder zurück führt, wurde 2016 vom „Wandermagazin" mit dem Prädikat „Schönster Wanderweg" ausgezeichnet. Damit war der Wasserfallsteig der erste Wanderweg in Baden-Württemberg, der diese begehrte Auszeichnung erhielt. Von den rund 25 Wanderwegen rund um Bad Urach sind fünf als Premiumwanderwege zertifiziert: die „Grafensteige" – der schönste von ihnen führt zum Wasserfall.

Verliebte Pärchen, Kleinfamilien mit Kind und Hund, Großeltern mit ihren Enkeln – schon frühmorgens ist auf dem Wanderparkplatz Maisental am Fuß des Schlossbergs, dem Ausgangspunkt des Wasserfallsteigs, jede Menge los. Die Rundwanderung führt durch die abwechslungsreiche Landschaft des UNESCO-Biosphärenreservats Schwäbische Alb. Schon bald hört man den Wasserfall rauschen. Das Wasser stürzt aus 37 Metern über eine Tuffsteinkante ins Tal. In weiten Kehren führt der Weg auf die Albhochwiese. Oben angekommen, kann sich der Wanderer in den Sommermonaten an einem Kiosk stärken, bevor er den Weg an der Albkante entlang fortsetzt – mit atemberaubender Aussicht auf die Burgruine Hohenurach und den Rutschenfelsen. Durch den Wald geht es weiter zum Fohlenhof des Haupt- und Landgestüts Marbach. Hier haben die edlen Stutfohlen ihre Kinderstube – ausgelassen toben sie auf den Weiden herum.

TIPP

Der Wasserfallsteig ist kein Spazierweg, sondern eine Wanderung, bei der gutes Schuhwerk erforderlich ist.

Der gut beschilderte Wasserfallsteig überzeugt auch geübte Wanderer. Auf den einschlägigen Plattformen wird er wegen der „hammermäßigen" Natur, die er zu bieten hat, hoch gelobt. Einer schrieb sogar, er habe die Tour absichtlich bei Regenwetter gemacht, weil der Wasserfall dann mehr Wasser führe. Wasser gefällt eben immer. In kalten Wintern wird der Uracher Wasserfall zu einem bizarren Naturschauspiel: Zu Eis erstarrt, präsentiert er sich als Wintermärchen.

● Wanderparkplatz Maisental, Vorderes Maisental 6, 72574 Bad Urach
www.badurach-tourismus.de

Gelebte Geschichte(n)

63 Das Dorfmuseum Ahnenhaus in Pliezhausen

Das alte Haus in der Dorfmitte von Pliezhausen hat vieles schon erlebt. Erbaut wurde das Fachwerkgebäude vor über 450 Jahren – es ist damit eines der ältesten Häuser im Ort. Die Gemeinde kaufte es 1978, sanierte es aufwändig und machte mit tatkräftiger ehrenamtlicher Hilfe ein Heimatmuseum daraus, in dem man in den Alltag der früheren Bewohner eintauchen kann. Die Mitglieder des Arbeitskreises Dorfmuseum pflegen die Dauerausstellung und den Garten und machen im Sommer eine Sonderausstellung zu wechselnden Themen.

Aufmerksame Besucher entdecken die Jahreszahl 1570 am Giebel der Ostfassade des Ahnenhauses, unter einer Fratze, dem „Schreck- oder Neidkopf", der die Hausbewohner vor Ungemach bewahren und ihnen Glück bringen sollte. Ein langer geflochtener Zopfpfeil weist in die Tiefe und symbolisiert: Das Böse sollte zur Hölle fahren. Das stattliche Bauernhaus beherbergte einst zwei Großfamilien, präsentiert werden die Wohnungen mit einer Einrichtung wie vor 150 Jahren. Im Erdgeschoss sind eine Schlaf- und eine Wohnstube eingerichtet, in beiden sind noch die Originalholzdecken erhalten. Die Küche im Süden des Gebäudes hat einen direkten Zugang zum Bauerngarten. Im Obergeschoss gibt es eine Wohnstube mit Bohlenbalkendecke, weitere Schlafstuben und eine Küche mit Veranda. Im Dachgeschoss entdeckt man ein altes Schulzimmer.

TIPP
Das Ahnenhaus ist von Mai bis Mitte Oktober sonntags von 14 bis 16 Uhr geöffnet.

In der Scheune werden mehrere alte, angesehene Handwerke gezeigt: Steinmaurer, Schuhmacher und Schneider, auch der seltene Beruf des Kaminbauers wird erläutert. Besonders sehenswert ist der Original-Tante-Emma-Laden, der bis 1988 im Gasthaus Linde in Dörnach betrieben wurde. Heute ist die Linde ein Gourmetrestaurant.

Der Bauerngarten – in Kreuzform wie ein Klostergarten – diente der Selbstversorgung: Nah am Haus wurden Kräuter und Gemüse angepflanzt, im rückwärtigen Teil Arzneipflanzen; Beeren und Spalierobst gediehen an den Seiten. Blumen waren bei den Ahnen selten, heutzutage aber erfreut der blühende Garten den ganzen Sommer über die Besucher.

- Dorfmuseum Ahnenhaus, Entenhof 17, 72124 Pliezhausen Tel. (0 71 27) 97 70
www.gemeinde-pliezhausen.de
- ÖPNV: Haltestelle Pliezhausen Rathaus

Persil
59
das beste Persil,
Haushalt-Chocolade
Creme Spatzen
Rachengold
MAGGI
... der rich

Volldampf voraus

64

Mit Paula über die Schwäbische Alb

Es zischt und dampft, dann ertönt ein scharfer Pfiff und Paula setzt sich in einer Rußwolke schnaufend in Bewegung. Paula ist die alte Lok 97 501, die vom Verein Freunde der Zahnradbahn Honau-Lichtenstein liebevoll restauriert worden ist. Nicht nur kleine Jungs bekommen bei ihrem Anblick leuchtende Augen.

Der 1985 gegründete Verein der passionierten Bahnfreunde hat sich damals das Ziel gesetzt, die 1962 ausgemusterte Zahnraddampflok wieder auf die Schiene zu bringen und die frühere Zahnradstrecke auf die Schwäbische Alb wieder in Betrieb zu nehmen. Paula wurde vor 100 Jahren speziell für die Honauer Steige gebaut – problemlos hat sie den Aufstieg überwunden.

Nach langjähriger, mühevoller Aufarbeitung – etwa 30.000 Arbeitsstunden wurden geleistet und rund eine Viertel Million Euro investiert – konnten die Zahnradbahnfreunde ihre Paula 2012 wieder unter Dampf setzen. Seither schnauft sie regelmäßig bei Sonderfahrten mit maximal 50 Sachen durch die Lande und bespannt ganz unterschiedliche Züge. Meistens befährt Paula die Strecke der Schwäbischen Alb-Bahn zwischen Engstingen, Münsingen und Schelkingen. Aber auch auf der Schwäbischen Waldbahn und der Strohgäubahn ist sie unterwegs.

TIPP

Interessierte Besucher sind jeden Freitag ab 19.30 Uhr im Vereinsheim willkommen.

Nach jedem Ausflug kommt die alte Dame in den Westbahnhof Reutlingen zurück. Hier haben die Zahnradbahnfreunde ihre Werkstatt und ihr Vereinsheim – für Dampflokfreunde ein wahrer Glücksort. Da wird gewerkelt und gefachsimpelt, denn es gibt noch viel zu tun, wie der Vereinsvorsitzende Ralf Stoll berichtet. Ein alter Schienenbus wurde bereits gerichtet und auf dem Abstellgleis warten mehrere alte Wagons auf ihre Restaurierung. Und dann wäre da noch das Fernziel, die alte Zahnradstrecke bei Honau, wiederzubeleben.

Wer eine nostalgische Fahrt mit Paula erleben möchte, kann sich auf der Website der Zahnradbahnfreunde über die Termine informieren. Zudem lädt der Verein immer wieder zum Tag der offenen Tür ein – leuchtende Augen inklusive.

- Freunde der Zahnradbahn Honau-Lichtenstein e. V., Tübinger Straße 21, 72762 Reutlingen, Tel. (0 71 21) 33 40 99, www.zhl.de
- ÖPNV: Bahnhof Reutlingen West

930
Rev. 27.06.2021

Schlafen im Luftikus

65

Im Hofgut Hopfenburg bei Münsingen

Wie die Nomaden in einer Jurte schlafen, ohne dafür nach Kirgisien oder Kasachstan zu reisen, kann man mitten im Biosphärengebiet Schwäbische Alb auf der Hopfenburg bei Münsingen. Auf dem terrassenförmig angelegten Gelände des ehemaligen Hofguts haben Feriengäste vielfältige Möglichkeiten, dem Alltag zu entfliehen: Hier wohnt man in Jurten, Tipis, Safarizelten, Schäfer-, Heide- und Zirkuswagen. Man kann aber auch mit dem eigenen Campingmobil oder Zelt anreisen oder alternativ eine der Glamping-Unterkünfte des Hofguts buchen.
Besonders begehrt sind die liebevoll ausgestatteten, bunten Zirkuswagen, die fantasievolle Namen tragen: Luftikus, Puppenkiste oder blauer Elefant. In einem historischen Zirkuswagen ist die Rezeption untergebracht. Dahinter beherbergt eine umgebaute Scheune den Hofladen und Seminarräume. Und am Zaun auf einer Koppel warten bereits die Poitou-Esel Beppo und Robin auf ihre Streicheleinheiten. Ein kleiner Bauernhof gehört ebenfalls zur Hopfenburg – hier werden alte, vom Aussterben bedrohte Haustierrassen gezüchtet – Hinterwälder Rinder und Waldschafe. Neben den Tiergehegen gibt es einen kleinen Kräutergarten.
Das Konzept der Hopfenburg ist aus dem Biosphärengedanken entstanden. „Es sollte ein Vorzeigeobjekt für den sanften Tourismus werden. Ein Ort ohne Autos und möglichst wenig Blech", sagt Andreas Hartmaier, der Geschäftsführer der Hopfenburg.
Auf dem großzügigen Gelände bieten sich viele Möglichkeiten für gesellige Begegnungen. Es stehen überdachte Grillhütten zur Verfügung, ein Beachvolleyballfeld und viele Spielmöglichkeiten für Kinder – Trampoline, Rutsche und Schaukel, eine Kletterwand und eine Spielscheune mit einem Heuboden. Wer die Umgebung erkunden möchte, kann sich für einen Ausflug in eine der nahen Höhlen anmelden, eine gesellige Kutschfahrt oder eine sportliche Radtour unternehmen oder – ganz entschleunigt – über die sanften Hügel wandern.

TIPP

Die Festscheune eignet sich auch für Familienfeiern wie Geburtstage und Hochzeiten oder für Seminare.

● Hofgut Hopfenburg GmbH, Hopfenburg 12, 72525 Münsingen, Tel. (0 73 81) 93 11 93 11, www.hofgut-hopfenburg.de

Immer am Wasser lang

66

Vom Echaz-Uferpfad zu den Echaz-Terrassen

Die Echaz fließt mitten durch Reutlingen und lädt zu einem kurzweiligen Spaziergang am Wasser ein. Mit nur wenigen Schritten lässt man die hektische Großstadt hinter sich und befindet sich ganz in der Natur – in Reutlingens grüner Lunge. Eine kleine Auszeit in der Mittagspause oder während einer Shoppingtour? Für beides empfiehlt sich der Echaz-Uferpfad, der 1984 anlässlich der Landesgartenschau in Reutlingen angelegt wurde. Der Pfad ist rund 500 Meter lang und aufgrund seiner zentrumsnahen Lage gut erreichbar. Hier kann man Graureihern beim Fischen zusehen und mit etwas Glück auch einen bunt gefiederten Eisvogel bewundern.

Vom Startpunkt mit einer Übersichtstafel an der Kreuzung Lederstraße/Lindachstraße aus verläuft der Weg flussabwärts entlang der Echaz und endet am ehemaligen Feuerwehrmagazin. Dort erinnert die noch funktionstüchtige Wegst'sche Mühle aus dem Jahr 1727 daran, dass die Echaz einst intensiv wirtschaftlich genutzt wurde. Wenige Meter später verschwindet der kleine, stadtprägende Fluss dann im Untergrund. Auf dem Lehrpfad vermitteln neun farbige Informationstafeln viel Wissenswertes über die Echaz und ihre Bedeutung für die frühere städtische Entwicklung. Neben einem Abstecher in die Altstadt lohnt sich ein Besuch der fußläufig erreichbaren Pomologie. Kaum zu glauben, dass diese idyllische Parkanlage mit Spielplätzen, Wasserspielen und einem Platz für kulturelle Veranstaltungen früher einmal ein Parkplatz war.

Wer etwas mehr Zeit hat, kann beim alten Feuerwehrmagazin, einem repräsentativen Backsteinbau, die Straßenseite wechseln und am imposanten Tübinger Tor vorbei in Richtung Bürgerpark spazieren, wo auch die Echaz wieder auftaucht. Dort lockt in den Sommermonaten am Reutlinger Zentralen Busbahnhof (ZOB) die Echaz-Terrasse – drei Gastro-Hütten mit unterschiedlichem kulinarischem Angebot. Auf der anderen Seite im Bürgerpark kann man auf den Grünflächen an der Echaz am StattStrand einen kühlen Drink genießen.

- Echaz-Uferpfad, Kreuzung Lederstraße/Lindachstraße, 72764 Reutlingen
- Echaz-Terrasse, Willy-Brandt-Platz, 72764 Reutlingen
- ÖPNV: Haltestelle Stadtmitte oder Haltestelle Stadthalle

Ach, wie das duftet

67 Kaffee, Schokolade und Seife aus dem Albgut

Wer feine Düfte mag, sollte im Albgut die Gläsernen Manufakturen der Familie Laepple besichtigen. Ein würziger Duft nach Kaffee und Schokolade empfängt die Besucher im ehemaligen Mannschaftsgebäude BT20. Mareike Laepple hat in Wien das Rösthandwerk gelernt und darf sich Kaffeesommelière nennen. Die nachhaltig produzierten Kaffeebohnen werden zumeist von Kleinbauernkooperationen in Ecuador und Guatemala, aber auch aus Costa Rica und Honduras bezogen. Man lege Wert auf den Kontakt zu den Farmern, erzählt Vater Eberhard Laepple, der Gründer des Familienunternehmens Lagerhaus.
Röstmeisterin Mareike Laepple produziert hochwertige Kaffeesorten – feinste Arabicas und Robustas. Neben Kaffee wird auch ein Muckefuck – ein koffeinfreier Kaffeeersatz aus Lupinen, Malz und Zichorie – hergestellt. Auch die Schokoladenproduktion ist Mareike Laepples Metier. Hier tauchen die Gäste in den wunderbar glücklich machenden Schokoduft ein. Gezeigt werden die einzelnen Schritte vom Rösten der Kakaobohnen bis zur fertigen Schokoladentafel. Und im Café – dem Herzstück des ehemaligen Soldatenquartiers – können frisch geröstete Kaffee- und Schokoladenkreationen verkostet werden. Die Kuchen, Tartes und Quiches werden in der Konditorei der Laepples im Lagerhaus in Dapfen hergestellt. Auch im benachbarten BT19 kommen feine Nasen auf ihre Kosten: Dort hat Jonas Laepple seine Seifenmanufaktur eingerichtet und einen Seifensieder aus Aleppo eingestellt. Imad Al Aliwi ist mit seiner Familie aus Syrien geflohen und froh, seinen Traumjob weiter ausüben zu können. Wer sein Reich betritt, kann sofort erschnuppern, mit welchen Zutaten er gerade arbeitet: Heute sind es Lavendelblüten, die einen betörenden Duft verströmen. In einem Mixer werden die Seifenflocken mit ätherischen Ölen vermischt und dann in hauchdünnen Tüchern gewalzt. Bei den Seifen handelt es sich um reine Naturprodukte. Auch auf Palmöl wird verzichtet. Es gibt Seifen aus Schafsmilch und Rosenseifen in Herzform.

TIPP
Bei einem Kurs in der Schokomanufaktur kann man die eigene Lieblingspraline kreieren.

- Café, Schokoladen- und Kaffeemanufaktur BT20, Albgut, 72525 Gutsbezirk Münsingen, Tel. (0 73 85) 96 58 25
- Seifenmanufaktur BT19, Albgut, 72525 Gutsbezirk Münsingen, Tel. (0 73 85) 96 58 25, www.lagerhaus-lauter.de

LAGERHAUS

Spaziergang nach Gruorn

68

Im ehemaligen Truppenübungsplatz bei Münsingen

Dieses idyllische Kleinod inmitten des Biosphärengebiets Schwäbische Alb ist aus einem Unglück hervorgegangen. Bis Mitte der 1930er-Jahre war Gruorn ein stattliches Bauerndorf. Dies änderte sich Ende der 1930er-Jahre schlagartig. Weil die Nazis den an die Gemarkung des Dorfs angrenzenden Truppenübungsplatz Münsingen erweitern wollten, mussten die Bewohner ihre Heimat verlassen.

Die Gruorner Häuser wurden bei den militärischen Übungen so stark beschädigt, dass sie nach dem Krieg aus Sicherheitsgründen gesprengt werden mussten. Nur das Schulhaus und das Wahrzeichen, die alte Stephanuskirche, wurden verschont. Doch die ehemaligen Bewohner wollten ihr Dorf nicht dem Vergessen preisgeben. Ein Komitee wurde gegründet, die stark beschädigte Kirche renoviert. Alljährlich zu Pfingsten und Allerheiligen treffen sich die ehemaligen Gruorner und ihre Nachfahren und Freunde und tauschen Erinnerungen aus. 2006 wurde der Truppenübungsplatz aufgelöst. Gruorn ist seitdem wieder allgemein zugänglich und hat sich zu einem beliebten Ausflugsziel entwickelt. Besonders die Stephanuskirche bietet mit ihrem spätgotischen Chor, den Fresken aus dem 14. Jahrhundert und den bunten Kirchenfenstern ein eindrückliches Erlebnis. Für Flora und Fauna war der militärische Sündenfall letztlich ein Glück: Seltene Pflanzen und Tiere sind heimisch geworden. Wer durch die weite Heidelandschaft spaziert oder radelt, wird vom Gesang der Heidelerchen begleitet.

TIPP

Touren vermittelt die Touristik-Information Münsingen (Tel. 0 73 81/ 18 21 40).

Von Ostern bis Allerheiligen sind die Stephanuskirche und das Schulhaus mit einer kleinen Wirtschaft (besonders lecker sind die selbst gebackenen Kuchen) und einem Museum von Mittwoch bis Sonntag bei schönem Wetter ab 11 Uhr geöffnet. An Sonn- und Feiertagen werden um 14.30 Uhr Führungen zur Geschichte des Orts und der Kirche angeboten.

Gruorn erreicht man von Münsingen-Trailfingen aus (Parkplatz Trailfinger Säge) in einem halbstündigen Spaziergang oder mit dem Rad. Die Strecke ist für E-Rollstühle und Kinderwagen geeignet.

● Gruorn, ehemaliger Truppenübungsplatz, 72525 Münsingen

Enger geht's nicht

69 Besuch in der Reutlinger Spreuerhofstraße

Nicht jeder Tourist hat das Glück, diese bedeutende Reutlinger Örtlichkeit durchschreiten zu können. Die Rede ist von der Spreuerhofstraße, die an ihrer schmalsten Stelle gerade mal 31 Zentimeter breit ist. Die unscheinbare, zwischen zwei alten Fachwerkhäusern eingeklemmte Passage, steht seit 2007 als „engste Straße der Welt" im Guinnessbuch der Rekorde. Alljährlich zieht das „Nadelöhr mit Weltruhm" zahlreiche Touristen an.

Einer dieser Besucher wurde selbst weltberühmt. Der spätere chinesische Staatspräsident Hu Jintao zwängte sich schon 1998 durch den nur 3,76 Meter langen, schmalen Spalt. Das Reutlinger Wahrzeichen, die Marienkirche, erzählte der Stadtführer Werner Wunderlich, der damals die Delegation führte, sei den Chinesen egal gewesen. Dafür hatten sie riesigen Spaß an der schmalen Gasse. Gleich mehrmals habe sich die ganze Delegation durch den Spalt zwischen der Mauer- und der Metzgerstraße gequetscht.

Auf einem Maßband sind die 31 magischen Zentimeter abgebildet und geben so Orientierung, ob ein Durchgang gefahrlos möglich ist. Bauch einziehen ist in jedem Fall empfehlenswert. So beliebt wie die Gasse selbst, sind die Schilder, die auf den Rekord hinweisen: „Engste Straße der Welt. Narrowest street in the world." Sie wurden schon so oft geklaut, dass sie jetzt mit Spezialschrauben verankert sind.

Entstanden ist die schmale Gasse im Zuge der unkoordinierten Notbebauung nach dem großen Stadtbrand von 1726. Oft wurden die Gebäude so eng aneinandergebaut, dass nur noch ein kleiner Zwischenraum übrigblieb. Das Kuriose an der Spreuerhofstraße: Sie ist im Stadtplan und im Kataster der Stadt eingetragen und befindet sich damit als öffentlicher Grund und Boden im Eigentum der Stadt. Dass die Passage frei zugänglich ist, war Voraussetzung für den Rekord. Durch diese hohle Gasse darf jeder kommen – vorausgesetzt man ist schlank genug.

● Spreuerhofstraße, Auskunft über die Tourist Information, Marktplatz 14, 72827 Reutlingen, Tel. (0 71 21) 93 93 53 53
● ÖPNV: Haltestelle Planie

Die Keimzelle lebt

70 Das Jugendzentrum auf der Bobrzyk-Insel

„Alles, was das Flair einer Großstadt ausmacht, Reutlingen hat es nicht. Bis jetzt. Doch jetzt hat die ‚Zelle' ihre Pforten geöffnet", schrieb der Kunststudent und Zelle-Initiator Dieter Scherbauer 1968 im Katalog zur ersten Ausstellung in der Galerie Zelle. Die startete damals im Lagerhaus einer ehemaligen Samenhandlung als Multimediazentrum mit Schwerpunkt auf avantgardistischer Bildender Kunst. Zahlreiche kritische Künstlerinnen und Künstler stellten hier zum ersten Mal aus. Selbst Joseph Beuys steuerte ein Blatt zu einer Mappe bei. Als Galerie ist die Zelle letztlich aber doch am Mangel kaufkräftiger Kunstfreunde gescheitert. Dafür bewährte sie sich als Sprungbrett für junge aufstrebende (Punk-)Rockbands wie beispielsweise die Toten Hosen und die Beatsteaks. Zudem wurde die autonome und selbstverwaltete Zelle immer politischer – aus der Galerie wurde der Kulturschock Zelle.

Zweimal verlor die Zelle ihre Bleibe. Als der Abriss ihres zweiten Domizils beschlossene Sache war, besetzten die „Zellis" im April 1993 in einer Nacht-und-Nebel-Aktion kurzerhand für 3 Tage das leerstehende, ehemalige französische Casino Unter den Linden. Der Wunsch der Kulturschocker, ins Casino einzuziehen, ging aber nicht in Erfüllung. Stattdessen gab es einen Neubau am Rand der Stadt. Seither hat das autonome Jugendzentrum sein reichlich mit Graffiti verziertes Domizil auf der kleinen Bobrzyk-Insel. „Eine kleine, bunte Oase im grauen Reutlingen", beschreiben die Zellis selbst den Freiraum, den sie an der Echaz geschaffen haben. Jeder sei willkommen – außer den Rechten. Wer möchte, kann hier gemeinsam Workshops planen, wilde Partys veranstalten, Konzerte organisieren oder ganz einfach hinter der Theke stehen.

Seit über 50 Jahren ist die Zelle ein Ort der Begegnung und der unkonventionellen Livemusik. Zum 50-jährigen Jubiläum gab es eine Riesensause mit vielen Liveacts. Zahlreiche Ex-Zellis reisten von weit her an und mischten sich unter die Jungen. Die Keimzelle lebt.

● Kulturschock Zelle e. V., Albstraße 78, 72764 Reutlingen, Tel. (0 71 21) 6 95 16 36
www.kulturschock-zelle.de
● ÖPNV: Haltestelle Albstraße

FREE MOVEMENT
RECHT AUF
SELBSTBESTIMMUNG
FÜR JEDE

Ein Fenster zum Reden

71

Im beschaulichen Pfullinger Klostergarten

Mitten in Pfullingen steht im Garten des ehemaligen Klarissenklosters ein ganz besonderes Kulturdenkmal: das einzige erhaltene, mittelalterliche Sprechgitter Europas. Für die Klarissen, die von 1250 bis 1649 in Pfullingen in völliger Abgeschiedenheit lebten, ermöglichte das sogenannte „Redfenster" den seltenen Kontakt zur Außenwelt. Ursprünglich war es in eine hohe Klostermauer integriert. An der Innenseite befand sich das Sprechzimmer, das „Parlatorium", das allerdings nicht erhalten ist.

Nur unter Aufsicht war es den Schwestern erlaubt, im Parlatorium über das Gitter mit der Außenwelt zu kommunizieren. Der Kontakt wurde zusätzlich dadurch erschwert, dass das Bodenniveau innen- und außerhalb ganz unterschiedlich war: Während die Schwestern drinnen knieten, mussten die weltlichen Besucher draußen auf Zehenspitzen stehen. Das Sprechgitter aus perforiertem Eisenblech wurde zusätzlich mit Tüchern verhängt, um die Stimmen zu dämpfen und jeden Blickkontakt zu vermeiden.

Laut einer Chronik des Klosters erfolgte die Stiftung des Konvents im Jahr 1250 durch zwei Schwestern aus einem niederadligen Pfullinger Geschlecht. Als Schwestern traten hauptsächlich Adlige aus der näheren Umgebung, später auch reiche Pfullinger Bürgertöchter ins Kloster ein.

Eines der wenigen erhaltenen Gebäude des im 13. Jahrhunderts gegründeten und bis zur Reformation bestehenden Klarissenklosters ist die Klosterkirche mit ihren frühgotischen, ornamentalen Freskomalereien. Im ehemaligen Waschhaus informiert eine multimediale Dauerausstellung „Armut-Demut-Gehorsam" über die Welt der Pfullinger Klarissen.

Die Klosterkirche ist hervorragend als Konzert- und Ausstellungsraum geeignet. Weil die oberen Stockwerke wegen des mangelnden Brandschutzes nicht mehr genutzt werden konnten, erhielt die Kirche einen Anbau mit Treppenturm. Im Garten sind Open-Air-Veranstaltungen geplant. Sprechen ist ausdrücklich erlaubt.

TIPP

Sehenswert sind auch das Mühlenmuseum und das Trachtenmuseum in der ehemaligen Baumannschen Mühle.

● Klarissenkloster Pfullingen, Klostergarten 2, 72793 Pfullingen
www.klosterkirche-pfullingen.de

Balsam für die Seele

72

Musikgenuss mit den Reutlinger Philharmonikern

Für alles gibt es ein erstes Mal. Das gilt auch für die Begegnung mit der klassischen Musik. Wer beim ersten Konzertbesuch keine Enttäuschung erleben möchte, der ist bei der Württembergischen Philharmonie Reutlingen (WPR) goldrichtig, denn sie bietet für das „erste Mal" einen Musikvermittler an, der behutsam in die Welt der Klassik einführt.

Doch das Orchester, das 1945 gegründet wurde und seit 2013 in der Stadthalle Reutlingen über einen erstklassischen Spielort verfügt, geht nicht nur in der Musikvermittlung innovative Wege. Neben den hochgelobten Sinfoniekonzerten versucht es, einer Vielzahl anderer musikalischer Bedürfnisse gerecht zu werden. So gehören Kinder- und Jugendkonzerte sowie Opern und Ballettmusik genauso zum Programm wie Theater- und Crossover-Projekte.

Beispielsweise die Kaleidoskop-Reihe bietet ein breites Spektrum außerhalb der klassischen Orchesterliteratur und lässt viel Raum für Experimente. Das Orchester begleitet Stummfilme ebenso wie Tanz- oder Pantomimedarbietungen. Auch Latin, Jazz, Pop, Chanson, Welt- und Rockmusik stehen regelmäßig im Programm. Damit schafft es die WPR unter der Leitung von Chefdirigentin Ariane Matiakh, ein jüngeres Publikum anzusprechen. Ausgezeichnet wurde das Format „Netzwerk-Orchester", mit dem die WPR per Livestream ihr Publikum auch im ländlichen Raum erreicht. Und dann gibt es noch den Transporter „Philmo", der übers Land fährt, um die Musik in Schulen, Vereine oder auf Marktplätze zu bringen.

TIPP

Bei einer Probe im WPR-Studio sitzen die Gäste mitten im Orchester und tauchen in den Klang ein.

Besondere Beachtung finden die „Seelenbalsam"-Konzerte – eine Konzertreihe für Menschen mit Demenz und ihre Begleitung. Betroffene können im Probenstudio des Orchesters in familiärer Atmosphäre Musik genießen und so am kulturellen Leben teilhaben. In Länge und Inhalt sind diese Konzerte ganz auf die Bedürfnisse von Menschen mit Demenz abgestimmt. Zu Beginn und am Ende wird gemeinsam ein Lied gesungen. Dies sind immer ganz berührende Momente des Glücks.

- WPR-Studio, Marie-Curie-Straße 8, 72700 Reutlingen, Tel. (0 71 21) 8 20 12 26
www.wuerttembergische-philharmonie.de
- ÖPNV: Haltestelle Orschel

Türme und Tore

73 Spaziergang an der Stadtmauer

Am Tübinger Tor wird man von glücklichem Kinderlachen empfangen. Die Trampoline vor dem mittelalterlichen Turm sind der Hit. Das Tübinger Tor wurde 1235 mit der Stadtmauer errichtet und ist eines der Wahrzeichen von Reutlingen. Unter dem Dach wohnte einst der Türmer, der nach Rauch Ausschau halten musste, um so einen Brand in der Stadt rasch zu melden. Der Turm ist in etwa gleich alt wie die Marienkirche und trägt ebenfalls gotische Züge. Der 36 Meter hohe, stattliche Turm mit seinen mächtigen Buckelquadern eignet sich hervorragend als Start für eine Suche nach mittelalterlichen Resten.

An der Lederstraße entlang geht es weiter zur Jos-Weiß-Straße. Hier steht noch ein Stück der ehemaligen Stadtmauer mit einem der wenigen erhaltenen, runden Zwingertürme. Im Mittelalter gab es mehrere solcher Wehrtürme, die durch unterirdische Gänge verbunden waren. Weil der Zwingerturm später als städtischer Eiskeller genutzt wurde, heißt er auch Eisturm. Durch einen schmalen Durchgang gelangt man zu einer kleinen, pittoresken Häuserzeile und damit zu einem der am meisten fotografierten Motive Reutlingens: den Stadtmauerhäusern. Erbaut in der Zeit nach dem großen Stadtbrand sind die direkt an der Stadtmauer errichteten Häuser Stein gewordene Reutlinger Sozialgeschichte. Hier wurde billig Wohnraum geschaffen, denn man brauchte nur drei Wände – eine stand ja schon. 1987 wurde das geschichtsträchtige Ensemble unter Denkmalschutz gestellt. Am Ende der Jos-Weiß-Straße steht das Zeughaus. Hier wurden im Mittelalter Waffen und weitere militärische Ausrüstungsgegenstände gelagert.

Vom Zeughaus gelangt man in die Gartenstraße und von dort zum Gartentor. Das Gartentor ist der zweite erhaltene Torturm der Befestigungsanlage. In reichsstädtischen Zeiten diente er als Gefängnis und heute ist er das Domizil des Reutlinger Männervereins. Dieser lädt regelmäßig auch Nichtvereinsmitglieder zum Stammtisch ein. Wer die Stufen bezwingt, wird mit einem fantastischen Rundblick auf die nächtliche Stadt belohnt.

TIPP

Die App „Stadtführung für alle" herunterladen und weitere Sehenswürdigkeiten entdecken.

- Tübinger Tor, Katharinenstraße 25, 72764 Reutlingen
- ÖPNV: Haltestelle Stadthalle oder Reutlingen Hauptbahnhof

Schwitzen mit Rulaman

74

Entspannung pur in der Panorama Therme Beuren

Das Wasser sprudelt und der ganze Körper beginnt zu prickeln. Es ist ein wohliges Gefühl. Ganz gleich, ob über einem die Sonne strahlt oder ein grauer Novembernebel die Sicht verhüllt – selbst wenn es nieselt oder schneit, die Sprudelliegen im Außenbereich der Panorama Therme Beuren sind fast immer belegt. Auch sonst erfüllt das Thermalbad am Fuß der Schwäbischen Alb so ziemlich alle Wünsche der Entspannung suchenden Badegäste.

In drei Innen- und vier Außenbecken kann man die wohltuende Wirkung des 28 bis 40 Grad warmen, quellfrischen Thermal-Mineralwassers genießen. Massagedüsen, Nackenbrausen und ein Strömungskanal lassen keine Langeweile aufkommen. Sportliche Schwimmer können in einem Kaltwasserbecken ihre Bahnen ziehen.

TIPP

Besitzer einer AlbCard erhalten kostenlosen Eintritt, lediglich die Sauna kostet extra.

Im Eintrittspreis enthalten ist der Erlebnisbereich Thermengrotte, der einer typischen Höhlenlandschaft der Schwäbischen Alb nachempfunden wurde. Zur Auswahl stehen verschiedene feuchtwarme Dampfbäder sowie ein Wärme- und ein Salzstollen. In einer weiteren Grotte wird das Duschen zum heiß-kalten Erlebnis. Seitliche Düsen sprühen warmes Wasser aus dem Felsen. Man kann sich aber auch unter einen Wasserfall, in einen kalten Nieselregen oder mutig unter eine Schwalldusche stellen.

Das Highlight des Thermalbads ist die großzügige Saunaanlage, die vom Deutschen Saunabund als Premiumsauna ausgezeichnet wurde. Man hat die Wahl zwischen fünf unterschiedlichen Schwitzkabinen, einem Kräuterbad und einem orientalischen Rhasoul-Bad sowie einem Thermal-Sprudelbecken und mehreren Sonnenterrassen. Besonders beliebt ist die Panoramasauna mit Blick auf die herrliche Landschaft. Nur die Meditationssauna, die an eine Sagengestalt, den Rulaman erinnert, bietet keine Aussicht. Angeblich lebte in der Steinzeit ein Häuptlingssohn namens Rulaman in einer Höhle auf der Alb. Der Rulaman in der Panorama Therme Beuren ist eine Bronzefigur, die stündlich für einen automatischen Aufguss sorgt. Schwitzen mit Rulaman – das ist ein einzigartiges Vergnügen.

● Panorama Therme, Am Thermalbad 5, 72660 Beuren, Tel. (0 70 25) 91 05 00
www.panorama-therme.de

Kunst machen und erleben

75 Das inklusive Living Museum Alb

„Lieblingsort“ steht in dunklen Lettern auf einem sonnengelben Stein, der im Garten des Living Museum Alb liegt. Und treffender könnte man diesen Ort im Münsinger Stadtteil Buttenhausen auf der Schwäbischen Alb auch nicht beschreiben. Die inklusive Einrichtung der BruderhausDiakonie wurde 2019 als erstes deutsches Mitglied der internationalen Living-Museum-Bewegung gegründet. Bereits davor konnten sich Menschen mit Unterstützungsbedarf dort im „Atelier artig“ kreativ verwirklichen. Jetzt ist in dem ehemaligen Pflegeheim ein lebendiges Zentrum für Kunst und Kultur entstanden – für Menschen mit und ohne Handicap.

„Kunst schaffen, Kunst erleben und sich begegnen“ ist das Motto, das auf mehreren Etagen des Gebäudes umgesetzt wird. In Workshops und Kursen werden Fertigkeiten in verschiedenen Kunstsparten vermittelt: Malerei, Lyrik, Theater und Musik. Im Grünen Atelier kann man sich gärtnerisch betätigen: Die Blühbomben, die hier entstehen, haben schon manche Ecke in Buttenhausen zum Erblühen gebracht. Herzstück des Hauses ist das lichtdurchflutete Gruppenatelier im Erdgeschoss. Hier werden große Gemälde und Skulpturen erschaffen, aber auch filigrane Motive für Karten, die dann im Museumsshop verkauft werden. Rund 40 Künstlerinnen und Künstler arbeiten regelmäßig im Living Museum Alb, einige haben dort sogar ein eigenes Atelier. Manche wohnen in Buttenhausen und gehen einer Beschäftigung in einer der Werkstätten oder in der Gärtnerei nach, andere kommen von außerhalb.

Im Living Museum Alb gibt es eine Dauerschau und wechselnde Ausstellungen mit den Arbeiten hauseigener Künstler. An einigen Werken kleben schon nach wenigen Tagen rote Verkaufspunkte. Jeden Donnerstag ist das Kunstatelier ohne Voranmeldung von 13 bis 15 Uhr für alle Menschen geöffnet, die gerne kreativ sein möchten. Das Miteinander in der produktiven Atmosphäre ist gänzlich ungezwungen und die Wahrscheinlichkeit groß, dass man immer wiederkommt. An diesen Lieblingsort.

● Living Museum Alb, Schmiedesteige 5, 72525 Münsingen, Tel. (0 73 83) 94 32 18
www.bruderhausdiakonie.de/unternehmen/bildung-gastronomie-kultur-laeden/museen/living-museum-alb

Kunst+Material

Kleinod auf römischem Boden

76

Die Johanneskirche in Wannweil

Ob bei einer Tauffeier, einer Hochzeit oder einem berührenden Krippenspiel – in Kirchen entstehen Glücksmomente. Und manchmal bereitet auch die beeindruckende Erscheinung des Gebäudes selbst dem Betrachter Freude. So wie das bei der evangelischen Johanneskirche in Wannweil der Fall ist. Sie ist eine der ältesten Kirchen Württembergs und das älteste Gebäude im Ort. Der Westteil mit dem Eingang und dem Turm sind romanischen Ursprungs. Vermutlich wurde die Kirche Ende des 11. oder Anfang des 12. Jahrhunderts auf den Resten einer römischen Siedlung als Taufkirche errichtet und Johannes dem Täufer gewidmet.

1890/91 baute der bekannte Kirchenbauer Heinrich Dolmetsch die Johanneskirche im neugotischen Stil um. Dabei wurden Pfeiler einer römischen Fußbodenheizung, Glas- und Tonscherben gefunden. Auch Gräber befanden sich unter dem Boden der Kirche, ein Zeichen dafür, dass der Platz in christlich-alemannischer Zeit als Begräbnisstätte diente. Das hohe Alter der Kirche wird zudem durch Überreste einer alten Apsis unter dem Chor belegt.

Der kunsthistorisch bedeutsamste Teil der kleinen Kirche ist die Turmkapelle und ein rätselhaftes Ausstattungsstück: der Drachenstein. Er verbindet die heidnischen Symbole (Drachen) mit dem christlichen Kreuz und hatte ursprünglich die Funktion eines Türsturzes. Eine Nachbildung des vorromanischen Drachensteins befindet sich in der Südmauer der Kirche, das Original im Württembergischen Landesmuseum in Stuttgart.

2013 wurden das Schieferdach und der gemauerte Turmhelm bei einem großen Hagelunwetter stark beschädigt. Im Zuge der Sanierung wurde auch die verwitterte Kugel auf der Turmspitze wieder vergoldet. Knapp 10 Jahre später gab es erneut einen Hagelschaden. Die Fenster aus handgegossenem Tischkathedralglas waren von den Hagelkörnern regelrecht durchschossen worden. Doch auch sie konnten restauriert werden und erstrahlen nun wieder in voller Pracht.

TIPP

Die kirchengeschichtlichen Besonderheiten erfährt man bei einer Führung am Tag des offenen Denkmals.

- Johanneskirche, Kirchgasse 5, 72827 Wannweil, Tel. (0 71 21) 5 29 69
  www.wannweil-evangelisch.de
- ÖPNV: Haltestelle Wannweil

Glück mit acht Zinken

77 Ein echter Reutlinger: Der Mutscheltag

Wenn der Wächter vom Turm bläst, das Nackerte Luisle auf dem Tisch tanzt oder der lange Entenschiß angesagt ist, dann ist Mutscheltag. Immer am Donnerstag nach dem Dreikönigstag wird in den Reutlinger Kneipen gewürfelt, was das Zeug hält. Die Mutschel-Spiele tragen seltsame Namen und dienen einem kulinarischen Zweck: Der Gewinner darf sich einen der acht Zacken aus dem mürben, sternförmigen Gebäck brechen oder eine ganze verzierte Mutschel mit nach Hause nehmen. Oft wird die Mutschel schon während des Spielens verspeist, als Beilage zum Viertele Wein und einem Schwäbischen Wurstsalat.
Gleichnamige Mürbgebäcke aus weißem Mehl gibt es auch in anderen württembergischen Städten, aber nur in Reutlingen wird gemutschelt. Und nur die Reutlinger Mutschel weist die typische Form mit acht Zacken und einem Knubbel in der Mitte auf, von dem manche behaupten, er sei dem Reutlinger Hausberg, der Achalm, nachempfunden.
Schon um das 13. Jahrhundert findet sich in städtischen Unterlagen der Familienname Mutschler, später wurden die Bäcker als Mutschler bezeichnet. 1848 wird der Donnerstag nach dem Obersten, also dem Erscheinungsfest, erstmals als Mutscheltag erwähnt. Zu Zeiten der Reichsstadt soll das feine Gebäck mit den acht Zacken auch als Preis bei Schießwettbewerben gedient haben. Einer dieser Wettbewerbe begann immer am Donnerstag nach dem Dreikönigstag.
Heutzutage gehen in den Bäckereien vor dem Mutscheltag Tausende von Bestellungen für das Traditionsgebäck ein. Auch beim Bio-Bäcker Berger in der Wilhelmstraße herrscht am Mutscheltag in der Backstube Hochbetrieb. Vom Auszubildenden bis zum Rentner helfen alle beim Backen des sternenförmigen Traditionsgebäcks mit. 600 bis 700 Kilogramm Mehl werden zu Tausenden von verschieden großen Mutscheln verarbeitet, damit es genug Nachschub gibt. Besonders beliebt: „Sieben friss“. Wer bei diesem Spiel eine Sieben hat, darf so lange von der Mutschel essen, bis ein anderer die Sieben würfelt.

TIPP

Wer in einem Lokal mutscheln möchte, sollte sich rechtzeitig einen Tisch reservieren.

● Mutscheltag, Berger GmbH Vollkornbäckerei, Wilhelmstraße 127, 72764 Reutlingen

Der große Udo

78 Kult-Burger in der Kaiserstraße

Saftiges Rinderhacksteak mit Käse, knackigen Gurken und Zwiebeln, dazu etwas Salat und ein leckeres Dressing – der Cheeseburger ist der Klassiker beim udo-snack und wird am häufigsten bestellt, sagt Marlies Höroldt, die ihr ganzes Berufsleben hinter dem Tresen der Kultimbissbude verbracht hat. Der udo-snack ist eine Institution und die zufriedene Stammkundschaft hinterlässt im Gästebuch Sätze wie: „Da kann man die ganzen Fastfood-Ketten knicken. Ihr seid die Nummer eins für mich."

Initiator der Burger-Erfolgsgeschichte war Udo Höroldt, der Mann von Marlies. Er eröffnete 1962 in der Bolzstraße in Stuttgart die erste Frittenbude Süddeutschlands. Die Kartoffeln wurden im Freundeskreis geschält und zu Pommes geschnitten. Zahlreiche weitere Filialen folgten, zeitweise betrieb Höroldt 30 Buden. Er nahm Hamburger auf die Speisekarte, lange bevor der erste McDonald's nach Deutschland kam. 1966 eröffnete Udo auch in Reutlingen beim ehemaligen Kaufhaus Merkur (dem späteren Kaufhof) einen Imbisswagen. Der Umzug an den heutigen Standort, die Kaiserstraße 19, erfolgte 1973.

Als Udo Höroldt 1989 starb, war es für Marlies keine Frage, dass sie weitermacht. Mittlerweile betreibt sie den udo-snack in Reutlingen gemeinsam mit ihrer Tochter Stefanie. Einen weiteren udo-snack gibt es in Tübingen. Die Rezeptur der Kultburger ist gleich geblieben, allerdings haben sich die beiden Frauen auf die veränderten Essgewohnheiten eingestellt. Auf Wunsch gibt es alle Hamburger auch ohne Fleisch. Die vegetarischen Bestellungen nehmen zu, weiß Marlies Höroldt. Aber noch überwiegen die Fleischprodukte auf der Speisekarte. Wer besonders großen Hunger hat, kann den „großen Udo" nach Hamburger Art bestellen, „einfach nur riesig". Eines sucht der Gast auf der Speisekarte vergebens: Burger mit Bacon. Der Speck bringe zu viel Fett ins Spiel, erklärt Marlies Höroldt das Erfolgsrezept: „Wir braten die Burger nur im eigenen Saft."

● udo-snack Reutlingen, Kaiserstraße 19, 72764 Reutlingen, Tel. (0 71 21) 49 39 67
www.udo-snack.de
● ÖPNV: Reutlingen Hauptbahnhof

udo snack
Weil's besser schmeckt!

Im Lichterglanz

79 Der Bronnweiler Mammutbaum

Immer vor der Adventszeit hat die Bronnweiler Wehr einen Spezialeinsatz: Dann verwandelt sie den 39 Meter hohen Mammutbaum neben der Marienkirche in einen gigantischen Weihnachtsbaum. LED-Lichterketten mit rund 3500 Einzelleuchten befestigen die Feuerwehrleute an den Zweigen, damit das Naturdenkmal pünktlich zum ersten Advent im Lichterglanz erstrahlt. Nicht nur die Dorfbewohner strömen dann zur Kirche, auch von weither kommen Besucher, um bei einem Glühwein das Schauspiel zu bewundern.

Der Bronnweiler Mammutbaum ist königlicher Herkunft. Gepflanzt worden ist die Wellingtonie im Jahr 1864 auf Anweisung von König Wilhelm I. Er war von den nordamerikanischen Baumriesen so begeistert, dass er Samen importieren und die Setzlinge des Riesenmammutbaums in ganz Württemberg pflanzen ließ.

Erstmals als Weihnachtsbaum geschmückt wurde die Wellingtonie anlässlich der 900-Jahr-Feier der Gemeinde im Jahr 2015. Die Resonanz war so überwältigend, dass man beschloss, aus der einmaligen Aktion eine Tradition werden zu lassen. Und weil Bezirksbürgermeisterin Friedel Kehrer-Schreiber überzeugt ist, dass damit Deutschlands größter Weihnachtsbaum in Bronnweiler steht, hat sie versucht, die Wellingtonie ins Guinnessbuch der Rekorde zu bringen. Doch aus dem Eintrag wurde nichts – die Herausgeber waren der Meinung, anderswo gäbe es viel höhere Weihnachtsbäume. Die seien aber nicht vor Ort gewachsen, widerspricht Kehrer-Schreiber. Ob mit oder ohne Guinness-Rekord: „Unser Weihnachtsbaum ist der schönste auf der Welt“, findet sie.

Besonders stolz ist man in Bronnweiler, dass die Kosten für die Beleuchtung – immerhin rund 5000 Euro jährlich – komplett selbst erwirtschaftet werden: beim Weihnachtsmarkt am ersten Advent rund um die Marienkirche und das Weihnachtshäusle, das an den Wochenenden geöffnet ist. Bis dann am 6. Januar der Stecker gezogen wird und aus dem gigantischen Weihnachtsbaum wieder für ein knappes Jahr ein ganz normaler Riesenmammutbaum wird.

TIPP
Ein Spaziergang zur Friedenslinde, die 1871 nach dem Deutsch-Französischen Krieg gepflanzt wurde.

● Bronnweiler Mammutbaum, Im Weiler 10, 72770 Reutlingen
● ÖPNV: Haltestelle Bronnweiler Mitte

Im Zügle zum Riesenrad

80

Der Weihnachtsmarkt glänzt an zwei Standorten

Dieser Zug fährt immer pünktlich und wird auch nicht bestreikt. Um die beiden Standorte des Reutlinger Weihnachtsmarkts zwischen Altstadt und Bürgerpark, der damit für eine begrenzte Zeit zum Weihnachtspark wird, zu verbinden, setzen die Veranstalter von der Markt-Werk-Stadt GmbH ein Bähnle ein. Für 1 Euro kann man sich von der kleinen Eisenbahn hin- und herkutschieren lassen. Rund 300.000 Gäste – viele kommen mit Reisebussen - besuchen alljährlich den vorweihnachtlichen Budenzauber, der von Ende November bis kurz vor Heiligabend dauert – im Weihnachtspark haben die Hütten sogar bis zum 6. Januar geöffnet.

Nach der Pandemie wurde der Markt auf zwei Standorte ausgedehnt, ein Konzept, das sich bewährt hat. Im Weihnachtspark bei der Stadthalle stehen nun die großen Attraktionen: ein Riesenrad, ein Karussell und eine Kunsteisbahn, auf der die Schlittschuhläufer ihre Pirouetten drehen; auch im Eisstockschießen kann man sich dort üben. Für weihnachtliches Flair sorgt die Illuminierung des alten Krankenhäusles, das sich wie von Zauberhand in ein Lebkuchenhaus verwandelt. Auch einige der insgesamt 80 Buden stehen im winterlichen Weihnachtspark. Der weitaus größte Teil der Stände aber wird in der Innenstadt zwischen Marktplatz und Albtorplatz aufgebaut. Am stimmungsvollsten ist der Weihnachtsmarkt traditionell rund um die Marienkirche: Hier gibt es eine Krippe mit lebensgroßen Figuren und einige von Schulen und Vereinen betriebene Buden.

Viele Stände bieten Kunsthandwerk, Schmuck und mehr oder weniger weihnachtliche Waren an – natürlich kann auch der große oder kleine Hunger gestillt werden. Es gibt zwei Veranstaltungsbühnen mit viel Musik und ein umfangreiches Rahmenprogramm – auch für die kleinen Besucherinnen und Besucher. Beispielsweise schaut regelmäßig der Nikolaus vorbei. Wer einen Überblick über den Markt und die ganze Stadt bekommen möchte, sollte eine Kabine des Riesenrads besteigen. Die Fahrt in luftige Höhe beschert Glücksgefühle.

● Weihnachtsmarkt, Obere Wilhelmstraße und Bürgerpark bei der Stadthalle, 72764 Reutlingen, www.weihnachtsmarkt-reutlingen.de
● ÖPNV: Reutlingen Hauptbahnhof

White Star

Bibliografische Informationen der Deutschen Nationalbibliothek
Die Deutsche Nationalbibliothek verzeichnet diese Publikation in der Deutschen Nationalbibliografie; detaillierte bibliografische Daten sind im Internet über http://dnb.d-nb.de abrufbar.

Konzeption/Satz: Droste Verlag, Düsseldorf
Einbandgestaltung und Illustrationen: Britta Rungwerth, Düsseldorf, unter Verwendung von Bildern von © Fotolia.com: jd – photodesign.de; © iStock: Plociennik Robert
Fotos: Anne Faden, außer: Carina Häfner (S. 127); Landgestüt Marbach/Claudia Gille-Eberhardt (S. 101); Panoramatherme Beuren (S. 155); Pressefoto Ulmer (S. 81)
Textlektorat: Petra Sparrer, Köln

MIX
Papier | Fördert gute Waldnutzung
FSC® C011279

Druck und Bindung: LUC GmbH, Greven
ISBN 978-3-7700-2597-8

www.droste-verlag.de